左右
國共

香港第三勢力
流亡錄

大局

柴宇瀚——著

推薦序／「第三勢力」的似曾相識，海外港人的未來啟示

國際關係學者　沈旭暉

早在疫情解封，香港史學會的鄧家宙博士來台時，就為我帶來了歷史學者柴宇瀚博士一本令人驚喜的著作，以香港視角講述「第三勢力運動」，內容充滿借古鑑今之情。如今，喜見柴博士願意進一步更新著作在台出版，再度修訂篇章，重新命名為《左右國共大局：香港第三勢力流亡錄》的專書，無論對台灣、香港、還是海外華人，這段歷史都值得重溫。

近年經常有人提及海外港人的時候，就以猶太人為參考對象，其實最能直接比較、借鑑成敗的，特別是資源問題、如何內鬥、如何爭取外援、又有何結局的，遠在天邊，近在眼前，正是這一場以五十年代為時空中心的「第三勢力運動」。

今天這一波離開香港的人雖然很多，但總數和跨階層的密集程度，一定不及一九四九年後湧來香港的移民／難民。國共內戰尾聲之時，一次過有過百萬人從中國大陸湧到香港，而且是住在同一地方，一下子就超越了本來住在香港的總人數，可以說瞬間就成為這個地方的主流。他們普遍有一種意識形態，就是要保留本來在中國大陸有一定程度自由和文化的生活方式，既恐懼中國共產黨，又對國民黨的貪污腐敗不滿，雖然也會和國共雙方藕斷絲連，卻更希望利用香港這個英國殖民地，走自己理想之路。

這樣的背景，有點像這一波港人移民海外後的心態：不滿《港區國安法》改造的「美麗新香港」，希望在海外維持自己原有的若干生活習慣和價值觀，與所屬社區既要融入、但又希望保留自身特色；若要他們公開露面擁抱另一極，例如拋頭露面參加「滅共」，就算心裡多麼盼望，因為種種原因，除了極少數公眾人物，卻很少人能夠豁出去走到那一步。海外港人的最大公約數，就是在海外維繫舊香港的傳承，正如一九五〇年代香港新移民的最大公約數，由親共到反共，也不過是傳承舊中國、特別是舊上海最燦爛的一面。

某程度上，「第三勢力」已經比現在的海外港人組織走多了很多步。起碼當時美國的支持和資源很多，也有真正的軍人加盟（例如廣東軍閥張發奎），有過以蒲台島反攻大陸的嘗試、菲律賓軍事基地的規劃，至於願意拋頭露面的知名人士、社會賢達不少都算是一線人物，受眾在同一個地方、也容易集中資源和聲勢，還有中共並非今日那樣的龐然大物，整個國際形勢其實都在呼喚這種力量出來。

然而，最終「第三勢力」運動還是很快無疾而終。問題出在哪裡？這本書講的每一點，都是對照今日海外港人面對的挑戰：搞組織的經費不足，有了一點資源就不斷內鬥，很快令金主看破雞棚背後的真相而失望（例如有人吹噓到有過百萬游擊隊隨時可以反攻），沒有自己的實力，山頭眾多、互相不服，領袖們其實也是走難到香港的人、都有各自的生計問題和政治包袱，人人都辦同類雜誌維生，國共兩黨又都會打擊滲透。唯一優勢是擁有一些受眾、和若干道德高地，但如果僅此而已，就會淪為圍爐空談而瓦解。

到了最後，「第三勢力」的最大歷史遺產，就是利用香港發展了蓬勃的文化產業，出版了可以媲美舊上海全盛時期的各種書籍雜誌，也確實傳承了文化，還有各種文化進一步的自身發展，這其實是人類文化史上的奇蹟，以往被各方刻意低估，其實絕對是瑰寶。另一個當時他們意想不到的副作用，就是利用了香港的自由港和國際地位，發展了驚人的經濟產業，而這些產業的創辦人無論是怎樣的意識形態，客觀上卻建構了香港人自我認知的新身分認同。

對海外港人的啟示：做自己擅長的，避開泥濘，自然殊途同歸。

近來談及香港五十年代的「第三勢力」運動，似曾相識之處，處處都令今人警惕。其中有一個名字，在柴博士著作中不斷出現，特別應該記住作為反面教材：蔡文治。

在「第三勢力」運動，蔡文治是負責在香港「建軍」的重要人物。為了爭取美國經費和信任，他聲稱在廣東省和香港一共有「一百多萬游擊隊隊員」可以隨時被動員、供他指揮，一聲令下，就可以反攻大陸云云。

當時逃到台灣的全體人員，也不過百多萬人，蔡文治一個人就聲稱擁有「百多萬游擊隊隊員」，水份大得離譜。真相卻是他只能在香港招募幾十到幾百人，到塞班島接受所謂「軍事訓練」，然後空投到中國大陸，送死。

當時在英屬香港組軍雖然不設實際，但也不致於像蔡文治那樣窩囊。例如國民黨名將胡璉將軍曾在國軍潰敗後，在調景嶺親自招募了一支「反共救國軍」，從國軍舊部就招募到過萬人，而且沒有用美國、台灣一分錢，全靠用「自己的方法」勞軍。而當時「第三勢力」在香港的領導層，也不乏號召力比蔡文治大得多的軍人，例如總司令級數的張發奎。

那美國的資源為甚麼這麼好騙，又為甚麼青睞蔡文治？主要原因，就是蔡文治的太太吳佩琪是社交名媛，燕京大學畢業生，和末代美國駐中華民國大陸大使司徒雷登相熟（司徒雷登是燕京大學校長），這樣的關係網，在關鍵時候就起到關鍵作用。而蔡文治雖然沒有甚麼軍功，但英文流利，油頭粉臉（當時成為「貝貝將軍」），二戰後成為國共與美國短暫合作談判的參與人，近水樓台，就說服了美國自己是「黨國要人」。

蔡文治的「第三勢力軍隊」騙局被拆穿後，乾脆移民美國，繼續得到美國政府信任，獲聘請為美國國防部顧問，一做就是二十多年。期間他能夠提供怎樣的「國防建議」，大概也可以想像一二。美國對他仁至義盡，而蔡文治從美國國防部退休時已經差不多七十歲，理應安享晚年。想不到他還是不甘寂寞、乃至對自己「大才小用」深深不忿，覺得自己依然大有可為。結果退休後不久，反共幾十年的他，居然忽然徹底變節，決定接受中共統戰，訪問中國大陸，成為「黃埔軍校同學會」理事，負責統戰台灣接受中共領導之下的「統一」和「一國兩制」，甚至公開發文，向蔣介石夫人宋美齡招降，而被昔日同路人極度不屑。

對中共而言，最好用的就是蔡文治這類「人才」：總算是有一定歷史、履歷，而又喜歡身分地位，當他在香港、台灣、美國的利用價值都「歸零」之時，就可以人棄我取。蔡文治也知道以他的背景晚年投共，而又要得到好價碼，自然需要「去到最盡」，於是雙方就一拍即合。每次讀到他的故事，像這種介於中間「第三勢力」的人物，總是感到似曾相識。這種似曾相識，相信大家都能在《左右國共大局：香港第三勢力流亡錄》找到。

推薦序／給處於歷史更困難位置的香港人

香港前區議員、大學兼任助理講師　柴文瀚

第三勢力在世界各地自古有之，每當公眾漸感不滿左右兩派，又或厭倦熟悉面目與處事方式，尋求新鮮、新人事和新作風乘勢而起，聲勢甚至一時無兩。可是，不論自由民主社會與否，大多數第三勢力都快起快落，最多只是此消彼長，不久再有新興勢力取而代之，傳統左右兩派卻猶如永遠存在。維繫平衡力量，避免社會只有黑白的新路線，看似簡單易明，實際運作卻難度極高。轉投新陣營者，難免心態傾向急於求變，寄望即時成功；同時，新加入者往往如門外漢，尖銳批判社會，絕無可能是老奸巨滑，至少形象討好，欠的就是實戰經驗；五湖四海自存差異，衝突難免，勢力發展也停滯不前。

網絡普及令資訊傳播速度快如閃電，前所未見，各種理論風格都有特色，究竟誰屬第三勢力？是身處議會等政治體制，還是各類平台追隨者眾，單看數字比較實在難分難解，言行對錯、是非真假更見含糊。既然意義不大，純粹口舌之爭難以取得更多「邊際認同」，反而是否應該借用本身影響力，開拓更大的文化與生活空間，尋找友好為相信和堅持的理念，進行更多長遠計劃。

本書集中研究二十世紀五〇年代初，由香港以至部分華人社群，曾寄予厚望，卻急速沒落的「第三勢力」，雖然實質政治力量維持時間不算很長，但日後影響香港文化，以及間接穩定不少因中國大陸政治情況，相繼抵達偏安香港的移民心情，非常值得今日處於歷史更困難位置的香港人參考。期望我們更加能夠鑑古推今，理解目前不論在內在外的香港人，應該處於那個位置，做些分內之事。

二〇二四年春

自序／鑑古推今　打破困局

香港政界治絲益棼，沆瀣一氣者有之，二元對立者亦有之，其中原因都離不開「爭權奪利」。自一九四九年起，大量華人不敵國共內戰紛擾，南遷香港。昔日地位顯赫之人，在港歷盡滄桑，生活困苦，後來逐漸向「金錢」著眼，向「利益」招手，變成一個「利字當頭」的人。久而久之，人們無不以「利益」為大前提，開始攀附權貴，顛是倒非。

部分昔日軍政要員避居香江，尋求美國資助，希望建立「第三勢力」組織，發展政治及軍事勢力，反攻大陸。他們起初旗幟鮮明，但是利益在手，受其迷惑，與組織成員勾心鬥角，漸與原意相違，使「第三勢力」的政治及軍事組織，轉眼成空。

幸而，「第三勢力」的青年明白到美國資助得來不易，加倍善用資源，珍惜一分一毫，紛紛成立出版社，提倡閱讀文化，使香港形成一股讀書風氣，一洗「文化沙漠」的形象。當時「第三勢力」出版數目，可謂一時無兩，尤其是友聯出版社及亞洲出版社，出版各式各樣的書籍，琳瑯滿目，令人眼前一亮，成為香港出版界的後起之秀，成就一九五〇年代香港文化發展的高峰。

本書以「香港第三勢力流亡錄」為題，主要講述一九四九年以後，香港「第三勢力」在政治及軍事的發展，雖然發展未如理想，但是「金錢至上」、「弄權為樂」的時事熱話，每每令人反思社會分崩離析，意識形態撕裂的現象，就是重蹈「第三勢力」的覆轍，足證「鑑古知今」的可貴。

過去十年，筆者鑽研兩岸三地的政治、歷史及文學，期間穿梭港、台兩地，翻閱報刊，搜尋檔案，訪問重要人物，以《祖國周刊》為題，撰寫博士論文，其中最重要的資料，莫過於訪問宋叙五教授。宋教授樂育菁莪，使筆者獲益良多。後來，適逢余英時教授撰寫回憶錄，講述香港「第三勢力」的往事，深受啟發，所以筆者撰寫三篇文章回應，刊於《明報月刊》，反思筆者「生於斯，長於斯」的香港，是否需要打破政治局限，才能孕育堅實的文化成果，於是撰寫拙作，憶述一九五〇年代的香港，「第三勢力」所掀起的政治風雲。

柴宇瀚

謹序於二〇一九年立夏

三易其稿於二〇二四年嚴冬

目錄

◆第二章◆　香港「第三勢力」的軍政教要員

◆第三章◆ 香港「第三勢力」的出版社

第一章

左右國共大局的構思：香港「第三勢力」導論

第一節

活埋的流亡史：何謂香港「第三勢力」

香港「第三勢力」一詞，向來為賢者諱，從一九六〇年代起，長眠黃土，不見天日。何謂香港「第三勢力」？陳正茂曾以《自由陣綫》為例，將「第三勢力」分為四點闡述：

1. 為代表民主自由的勢力
2. 為象徵中國人民的自覺運動
3. 為民主中國運動
4. 為綜合性的運動[1]

然而，第一點和第三點上或有含糊不清，都是指出民主的勢力或運動，卻分成兩點闡述，觀點重複。筆者曾經從《獨立論壇》出發，探討香港「第三勢力」的立場，[2]誠感不足，因而先闡述中國「第三勢力」的歷史背景，再為後來香港「第三勢力」下一定義。其實，中國「第三勢力」由來已久，起始可追溯至中華民國時期。民國肇建，引入源自英國的政黨制度，以北京臨時參議院時期（一九一二年四月至一九一三年四月）為例，國民黨及共和黨成為兩大政黨。至於「第三大黨」的地位，則由統一黨、民主黨等角逐。[3]當時，中國政黨政治僅屬雛型，而且統一黨及民主黨表現不濟，「第三勢力」自然難成氣候。

1／陳正茂編著《五〇年代香港第三勢力運動史料蒐秘》，台北：秀威，2011年，頁22-27。

2／筆者〈從《獨立論壇》發展看「第三勢力」的政治立場〉，《香港史地》（第五卷），香港：香港史學會，2014年，頁86-88。

3／張玉法《近代中國民主政治發展史》，台北：東大，1999年，頁79、105-106。

一九二六年末，國民黨左派的鄧演達前往莫斯科，參與共產國際會議時，提倡組織第三黨，獲中國共產黨黨員譚平山支持，譚平山因而被開除黨籍，[4] 鄧演達亦在一九三一年十一月被殺，享年三十六歲，令第三黨頓失支柱。第三黨雖有「第三勢力」的影子，但組織並不完善，即使脫離國、共兩黨，獨立發展，也會受到兩黨夾擊，日後都難以有成。

國民政府訓政時期（一九二八至一九四七），國民黨是中國的執政黨，共產黨、青年黨、民社黨、民主同盟等都是在野黨。國民黨稱為「第一大黨」，共產黨稱為「第二大黨」，國民黨剿共，共產黨反蔣，競爭激烈之際，青年黨、民社黨、民主同盟等政黨，競逐「第三大黨」的地位，但是立場有別：青年黨及民社黨的立場較近國民黨，民主同盟的立場較親共產黨，反映執政黨與在野黨立場迥異之外，在野黨立場也是截然不同。當時，「第三大黨」雖有冒起跡象，爭取知識分子支持，但都難以在兩大政黨的夾縫間發展。

國共內戰後期，國內局勢起了翻天覆地的變化，中共步步進逼，管治大陸；國民黨節節敗退，退守台灣。作為在野黨的青年黨及民社黨，既不容於中共，也不受國民黨招攬，開始為未來思考出路。

直至一九四九年，中華民國政府（下稱民國政府）播遷台灣，中共在大陸建政，兩岸勢成水火。而陳啟天（青年黨）、徐傅霖（民社黨）等東渡台灣；章伯鈞、羅隆基（民主同盟）等留在大陸，後被中共清算，此乃後話。

另一部分青年黨黨員（左舜生、李璜、謝澄平等）及民社黨黨員（王厚生等），選擇南來香港，也有部分國民黨黨員：顧孟餘（曾任中央大學校長）、童冠賢（曾任立法院院長）、張發奎（曾任陸軍總司令）等，決定前往香港，漸漸組織起來，構成香港「第三勢力」的初步發展。原是桂系的李宗仁及黃旭初，也曾暫居香港。後來，李宗仁前往美國，黃旭初前往日本，成為「第三勢力」在海外發展的歷史，與本文研究不無關係。

4／同上，頁 301-302。

上述「第三勢力」的人物大多為人熟悉，奈何在保守的政治氛圍下，令「第三勢力」的歷史慘被活埋，難見青天。當時，一百多萬難民湧進香港，除了上述軍政要員外，尚有教師、軍人、大學生等，他們來到香港後，都苦無出路，毅然聯絡美國，以香港為根據地，組織「第三勢力」，挑戰國共兩黨的統治地位。

據此，筆者將「第三勢力」定義為五點：

（一）美國部門支持

一九五〇年代，美國與蘇聯的政治角力，影響兩岸局勢。蘇聯支持中共，插手干預東亞地區事務。美國為與蘇聯抗衡，於是有「三手準備」：[5] 以美國政府牽頭的，支持民國政府；以中情局牽頭的，就支持「第三勢力」；美國駐華大使館參事莫成德（Livingston T. Merchant）聯絡「臺灣再解放聯盟」，試探台獨的可能。由於中情局預料，兩岸的反共勢力不能抵抗到一九六〇年代初，[6] 難以推測「三手準備」的結果。只要局勢劇變，「三手準備」其中之一能夠突圍而出，美國都可以充當「頭號功臣」。「第三勢力」能夠有長足發展，美國自然樂觀其成。

（二）傾向反蔣反共

一九五〇年代初，美國欠缺「中國通」，了解兩岸的人寥寥無幾，難以獲取中共的「鐵幕」消息，於是繞過民國政府，來到香港，尋找各界人士，建立機構，搜集情報。美國運用香港的地理優勢，以最接近「鐵幕」的地區，收集更多「鐵幕」的資料，並以中情局牽

5／美國「三手準備」，就是要做東亞地區的「頭號功臣」。為了抗衡共產主義的擴張，美國派「第七艦隊」駐守台灣海峽，防止中共侵略台灣，這是第一手準備。第二手準備是資助「第三勢力」，因為美國不滿以蔣介石為首的民國政府，所以希望支持「第三勢力」，提供資助，使「第三勢力」在香港及日本等地發展。第三手準備是聯絡台獨人士，務求在東亞建立一個支持美國的政權。

6／張淑雅《韓戰救臺灣》，台北：衛城，2011年，頁21、44-45。

頭，推動香港「第三勢力」的發展。當時，「第三勢力」人士樹立一面「反蔣反共」的旗幟，搜羅「鐵幕」資訊，既可得三餐溫飽，亦可滿足政治理想，抒發心中鬱悶。

「第三勢力」的《獨立論壇》社論，曾經強調蔣介石不能再領導反共，要重新建立一個自由民主的新國家。如在舊勢力裡面兜圈子，就不會有新力量誕生。[7] 可見「第三勢力」希望成立一個新的反共組織，取代蔣介石的地位，建立民主自由的政權。不久，「第三勢力」召集數百人，包括：商界、軍政界、教育界、文化界等，都成為招攬的目標，成為「自由派」或「自由方面」的一分子。[8]

「第三勢力」利用這種「群眾心理」，加上報刊宣傳，又有一群知識分子：顧孟餘（筆名存齋）、張國燾（化名「凱音」）[9]、張君勱等人撰文，自然將對國共兩黨的不滿，訴諸於文字之上。當雜誌刊登他們的文章時，往往銷路大增，由約一千份激增至超過三千份，反映以上三位知識分子在當時有一定的影響力。

（三）接受各界資助

如上所述，中情局支持「第三勢力」的發展，但不可以光明正大地支持，各個機構便發揮「中間人」的角色：亞洲基金會、福特基金會（Ford Foundation）、美國新聞處、美國之音（Voice of America）等，相繼資助「第三勢力」的出版社，使香港揉合中西文化，發揮「文化效力」，成效斐然。

除了上述機構外，紛紛施以援手的，還包括天主教會。「第三勢力」之中，友聯出版

7／社論〈舊勢力還能領導反共建國嗎？〉，《獨立論壇》（2卷2期），1951年12月10日，頁2。

8／漢元指「第三勢力」曾經有這兩個稱呼，值得參考。參閱漢元《香港的最後一程》，台北：時報，1984年，頁152。

9／漢元指「張國燾先生和第三勢力無關。」這與事實不符，張國燾任《中國之聲》社長，而且是「戰盟」七個中央委員之一，在「第三勢力」的地位尊崇，詳見下文。參閱前引漢元《香港的最後一程》，頁238。

社的創辦人之一——邱然，[10]就是聯絡天主教會，資助友聯出版社的發展，使友聯出版社成為香港，以至台灣、東南亞，都是聞名至今的出版社。後來，邱然、史誠之等友聯出版社的創辦人，都成為天主教徒。可見天主教與「第三勢力」的發展，不無關係。

當「第三勢力」發展出版業後，出版不同報刊，但是稿源不足，深存隱憂，所以提高稿費，以《人人文學》為例，稿費為八至十五元，再以《中國之聲》為例，稿費更高達十五至二十五元。美國又資助「第三勢力」人士出版回憶錄，張國燾的《我的回憶》，[11]正是其中之一。作者希望在「第三勢力」報刊中，賺取稿費，解決燃眉之急，於是紛紛投稿。自此以後，「第三勢力」報刊的稿件源源不絕，形成一九五〇年代的香港「流亡文學」。

（四）捍衛中華民國

一九四九年末，民國政府沿用中華民國年號，中共則改用公元，隔岸分治。「第三勢力」雖然「反蔣反共」，但是到了香港後，仍然關心政治，將感情寄託於文字之間，出版報刊往往採用中華民國年號，例如：《祖國周刊》、《人人文學》、《海瀾》等，都是如此，成為「第三勢力」象徵之一。一九五〇年代時，當他們採用中華民國年號，又接受美國資助，並以「反蔣反共」為目標，幾可證明他們就是「第三勢力」的一分子。

一九五〇年代初，「第三勢力」報刊開始在香港發行，言論空間比中共和國民黨大，只要不涉及英國在香港的管治權，幾乎無事不可討論，例如：十月十日是中華民國國慶，又稱「雙十國慶」及「雙十節」，「第三勢力」報刊往往增大篇幅慶祝。即使在一九五〇年十二月，英國與民國政府斷交，改與中共建交，香港也不會禁止民國政府及「第三勢力」沿用中華民國年號，發行報刊。「第三勢力」報刊喜逢一線生機，是為「香港流亡史」的

10／漢元稱為「邱楠」，應為邱然，應是手民之誤。參閱前引漢元《香港的最後一程》，頁 152。
11／張國燾《我的回憶》，香港：明報，1971 年。

一部分。[12]直至一九九七年，香港政權移交，「中華民國年號」便已風光不再，此乃後話。

（五）支持民主自由

民主一向是不少知識分子夢寐以求的制度，政府卻希望大權在握，形成知識分子與政府的對立。民國政府統治中國大陸期間，牢牢控制權力，引起知識分子不滿，有些傾向中共，有些傾向民主同盟，有些傾向青年黨、民社黨……。直至一九四九年，民國政府遷台，中共建政，人民逃難到港。香港難民未能遠赴台灣，到外國又言語不通，命途多舛，難以維生。當「第三勢力」提出「爭取國家獨立，和民主自由」，[13]自然吸引人們支持，使「第三勢力」迅速發展。

後來，知識分子在民國政府及中共以外的報刊投稿，於是《自由陣綫》、《大道》、《前途》、《獨立論壇》、《中國之聲》、《人人文學》等「第三勢力」雜誌乘勢而起。在美國的資助下，知識分子獲得不少寫作機會，主題包括：政治、經濟、文學、哲學等，內容包羅萬有，人們得以暢所欲言。

《工商日報》曾經批評「第三勢力」只是寫幾篇文章，舉辦座談會發表幾次講話，拉攏幾個朋友開幾次會，找幾個外國人幫忙，都難以打倒民國政府及中共。[14]然而，許冠三先後創辦友聯出版社及人人出版社，出版書籍，撰寫文章，提倡民主自由。直到一九六〇年代，許冠三創辦「民主大學」，教導學生爭取民主自由的重要。「民主大學」的理念正是從「第三勢力」延伸而來，足證影響深遠。

12／這個想法源自錢穆「……我們流亡來香港也已二十年，有史筆的人，也可寫一部香港流亡史。」參閱錢穆《中國歷史研究法》，台北：東大，2000年，頁12。

13／社論〈光榮歸於今日〉，《獨立論壇》（1卷10期），1951年10月10日，頁3。

14／社論〈評所謂「第三勢力」〉，《工商日報》，1950年6月8日，頁2。

（六）小結

從上述五點分析，香港「第三勢力」就是一群「反蔣反共」的人士，從一九四〇年代末至一九五〇年代初，來到香港，憑藉各界資助，樹立一面「反蔣反共」的旗幟，提升政治實力，出版不同報刊，反映自由民主的心聲，希望打破國共兩黨的政治框架，寫下一九五〇年代「香港流亡史」的重要一頁。

第二節

擺脫國共觀點：香港「第三勢力」歷史意義

（一）發掘「香港流亡史」

中國現代史研究上，多以國民黨、共產黨的觀點為主線。無可置疑，國、共兩黨在現代史中，地位舉足輕重。可是，當研究流於表面，便會欠缺創見，猶如「新瓶舊酒」，沒有推陳出新的觀點，人云亦云，使歷史蒙上「死記硬背」的污點。香港「第三勢力」正是一大突破，所以筆者以「第三勢力」為研究重心，參考重要著作，[15]訪問參與其中的人，[16]敘述一段「香港流亡史」，振興香港出版業，以謝澄平為例，在香港創辦自由出版社，使自由出版社成為「第三勢力」出版界的先河，為香港歷史寫下新一頁。

發掘「香港流亡史」的同時，都要考證資料是否屬實，如稱「第三勢力」的伍憲子「請求來台」，[17]「請求」一詞值得斟酌；又如《自由陣綫》說：「第三勢力起來了」，[18]當時卻是《自由陣綫》經營慘淡的時期，又何以自吹自擂地說是「起來」呢？有見及此，我們需要提高警覺，否則研究只會流於片面。

（二）突破歷史局限

坊間回顧「第三勢力」的歷史，往往只有零星片段，例如：《傳記文學》編寫《民國人物小傳》、吳相湘《民國百人傳》等，屢受政治及資料所限，多會忽略「第三勢力」的片段，以致「第三勢力」湮沒在歷史大海之中，令人物生平未盡完善，所以本文搜集大量資料，嘗試打破政治框架，擺脫國、共立場，闡述「第三勢力」的發展，補充上述著作的不足，希望達到「回顧過去，前瞻未來」的目標。

（三）發揮文化效力

雖然「第三勢力」接受美國資助，便以為「第三勢力」只是美國的「傳聲筒」。其實，「第三勢力」既推崇中華文化，也推動香港文學發展。一九五〇年代，正是香港文學重要的里程碑，坊間稱之為「綠背文化」，[19]筆者稱之為「流亡文學」。[20]此外，「第三勢力」

15／研究「第三勢力」著作為數不多，包括：萬麗鵑〈一九五〇年代的中國第三勢力運動〉，台北：國立政治大學歷史研究所博士論文，2001年、陳正茂編著《五〇年代香港第三勢力運動史料蒐秘》，台北：秀威，2011年、筆者〈胡永祥與《祖國周刊》之研究〉，香港：新亞研究所博士論文，2014年。

16／筆者訪問人物如宋敘五教授，宋教授在1955年加入友聯印刷廠，任職生產經理，熟悉友聯運作，澄清友聯架構、工作分配等，對本文有莫大的裨益。詳見筆者〈宋敘五教授訪問稿一〉（未刊），2013年9月11日，訪宋敘五於和記印刷有限公司、筆者〈宋敘五教授訪問稿二〉（未刊），2015年1月20日，訪宋敘五於和記印刷有限公司。

17／〈據駐港工作同志報告：伍憲子最近動態等情報〉，《總裁批簽》，台（40）改秘室字第0388號張其昀、唐縱呈，1951年9月3日，中國國民黨文化傳播委員會黨史館藏。

18／史農父〈第三勢力起來了！〉，《自由陣綫》（1卷5期），1950年5月1日，頁3。

的文化影響力於今猶存，本文稱之為「文化效力」，[21]例如：自由出版社、友聯出版社外出版多份報刊和數百本著作，提升香港文化水平。還有友聯研究所專責研究中共，學有專精，所以友聯出版社得以在「第三勢力」中，鶴立雞群。

（四）糾正研究錯誤

探討香港「第三勢力」的作者，例如：萬麗鵑、胡志偉、林博文、陳正茂、林孝庭等，都有相關著作刊行，值得參考，但引用資料、推論過程或有不足之處，例如：萬麗鵑引用雷嘯岑的說法，指出謝澄平與吉塞甫（Philip C. Jessup）會面後，謝澄平便獲得資助。[22]其實，二人只有一次會面，後來，謝澄平才與蕭泰志（Fred Scholtus）多次接洽，何魯之亦曾參與其中，終成美事，每月獲得兩萬美元的資助。[23]日後研究習非成是，多以謝澄平與吉塞甫會面為藍本。又例如：《大道》出版只有四期，但是胡志偉誤將發行不到五期的《大道》，寫成《前途》；[24]林博文指《大道》出版三期，[25]都是美中不足。

另外，陳正茂指出《自由陣綫》出版至一九五九年六月。其實，《自由陣綫》在一九五九年六月後，仍有出版，直至一九五九年末才停刊。而林孝庭將「二十五人名單」

19／1863年後，美國鈔票都以綠色為背景，故有此說。參閱劉以鬯《暢談香港文學》，香港：獲益，2002年，頁127、黃繼持、盧瑋鑾、鄭樹森編《追跡香港文學》，香港：牛津，1998年，頁14。

20／筆者有此說法，是從錢穆「香港流亡史」一詞啟發。參閱前引錢穆《中國歷史研究法》，序頁1。

21／筆者有此想法，是從余英時「文化危機」一念而來。余英時具有強烈的「憂患意識」，想到中華文化發展的危機。在文化危機爆發之前，理應有一種根深蒂固的文化正在流傳。然而，香港的文化發展有所不同，在1950年代初，文化不足，不同機構出版報刊，印刷書籍，形成一種中西薈萃的獨特文化，發揮「文化效力」，一直流傳至今。參閱余英時《歷史人物與文化危機》，台北：三民，2013年，自序頁1。

22／雷嘯岑《憂患餘生之自述》，台北：傳記文學，1982年，頁170。

23／前引萬麗鵑〈一九五〇年代的中國第三勢力運動〉，頁28、張葆恩〈何魯之先生（中）〉，《現代國家》（274期），1987年11月1日，頁27-30。

24／張發奎口述、夏蓮瑛訪談及記錄《張發奎口述自傳》，北京：當代中國，2012年，頁395。

25／林博文《關鍵民國》，台北：大塊文化，2013年，頁63。

26／前引陳正茂編著《五〇年代香港第三勢力運動史料蒐秘》，頁19。

與「中國自由民主戰鬥同盟」混為一談。其實，「二十五人名單」在一九五一年五月組成；「戰盟」則在一九五二年十月十日宣告成立，參加人物亦不盡相同。下文會詳細探討。

27／林孝庭《台海冷戰解密檔案》，香港：三聯，2015年，頁90、92、96。

第三節

超越政治影響：香港「第三勢力」之啟示

（一）反思歷史作用

有人曾經這樣恥笑「第三勢力」：參與者只有數百人，又有何作用呢？若是如此，孫中山號召革命，起初參與的人寥寥可數：孫中山、陳少白、楊鶴齡、尤列、陸皓東、鄭士良……；中國共產黨建黨時，也只有陳獨秀、李大釗、張國燾、毛澤東……，起初人數或比「第三勢力」更少，難道要恥笑他們嗎？剪辮子、棄紮腳、穿西裝……，正是孫中山等人努力的成果，五四運動、民主思潮……陳獨秀等人也有推動，足證一件事成功與否，不在於參與人數的多寡，而在於對普羅大眾的啟發，這正是「歷史作用」的意義所在，並非《香港文學史》所指：「綠背文化」出版物有「政治傾向」。[28]對於以上觀點，筆者不敢苟同，例如：自由出版社曾翻譯《齊瓦哥醫生》，出版涂公遂的《文學評論》、許冠三《史學與史學方法》等書籍，都是上乘之作，促進文學和史學在香港發展。我們何必一廂情願地指出「綠背文化」有「政治傾向」，而忽略其他作用呢？

再者，唐君毅、徐復觀、牟宗三、陳伯莊等支持傳統文化的學者，都曾在不少「第三勢力」報刊撰文，以《祖國周刊》為例，唐君毅、徐復觀及牟宗三都曾發表不少文章，甚至加入《祖國周刊》的聯署，[29]探討文、史、哲等知識，成效卓著。如果有人說這是「政治傾向」，以筆者所見，理應是學者們的「文化傾向」吧！

過往《中國學生周報》對青少年的重視，對社會未來主人翁的照顧，當今報章的確難以媲美，這正是過往「第三勢力」在香港樹立一面文化旗幟的作用。《中國學生周報》既談中華文化，也談現今社會熾熱的話題——本土化。上述兩個議題不論讀者贊成與否，都是香港數十年來的重要議題，沒有一定的「政治傾向」，難道我們要視若無睹嗎？

（二）「第三勢力」理念

「第三勢力」出版社（自由出版社及友聯出版社）的理念絕對不容忽視。自由出版社的理念是民主政治、公平經濟、自由文化；友聯出版社的理念是政治民主、經濟公平、社會自由，兩所出版社的理念相近，也是人們追求理想生活的目標。直至現在，試問兩岸四地之間，哪一個地方能夠落實兩所出版社的理念，造福人群呢？其實，以上兩所出版社崇高的理念，突顯知識分子對社會的期望，達到社會步入民主自由，公平公正，文化蓬勃的時代。

理念相近或相異，或會造成台灣和香港若干「二分法」的對立局面：左與右、貧與富、

28／王劍叢《香港文學史》，南昌：百花洲文藝，1995年，頁81。
29／祖國周刊社〈啟事〉，《祖國周刊》（11卷7期），1955年8月15日，頁3（小摺頁）。

激進與保守、民主與獨裁……。九十年代以後，在「二元對立」的情況下，「第三勢力」再次冒起，台灣和香港的政治組織中，都曾經展現一股「第三勢力」的潮流，台灣在國民黨和民進黨以外，有新黨、親民黨、台聯、時代力量、民眾黨……；香港在建制派和民主派以外，有「傘後組織」、「本土派」……，雖然大部分政黨或組織已經「泡沫化」，或已「自行解散」，但是思考「第三勢力」未來的出路，都是現今政治圈子的重要話題。

（三）發展香港文學

一九五〇年代，中國大量難民抵港，使香港形成一個「難民社會」，也使香港文學步進一個新階段，本文稱之為「流亡文學」，如秋貞理在《中國學生周報》發表的文章，不少以童年生活為主，有濃厚的鄉土情懷，廣受歡迎，「流亡文學」得以應運而生，成為香港文學發展的基石。

一九五〇年，自由出版社成立，是為首間出版「流亡文學」的機構。後來，「第三勢力」

的出版社就如雨後春筍般發展：友聯出版社、人人出版社、高原出版社等，都是「第三勢力」的主要機構，給不少作者提供寫作平台，使胡越、趙滋蕃、徐速等人聲名大噪，為香港文學貢獻良多。[30]

由於《中國學生周報》及《兒童樂園》大行其道，銷量數以萬計。左派組織為了抗衡友聯出版社，在一九五六年四月十四日，創辦《青年樂園》，抗衡《中國學生周報》；在一九五九年四月二十五日，創辦《小朋友》，抗衡《兒童樂園》，揭開左派與「第三勢力」競爭的局面，爭取青少年的支持，令青少年紛紛投稿，兩派激烈競爭之下，促進香港文學的發展。

30／也斯亦有相近觀點，認為「美元文化」有其獨特面貌及文化取向。參閱也斯〈解讀一個神話？——試談《中國學生周報》〉，《博益月刊》（第 14 期），1988 年 10 月 15 日，頁 103。

（四）提倡自由文化

香港是一個商業城市，「金錢至上」的觀念一直在香港牢牢不破，人們重視金錢利益，放棄文化理念，難免阻礙文化發展。幸而，唐君毅、徐復觀及牟宗三被譽為「新儒家」的學者，錢穆、張君勱、羅夢冊等人也熱愛文化，經常在「第三勢力」報刊上撰文，傳播文化。「新儒家」除了以《人生》、《民主評論》等為主要根據地外，還有「第三勢力」報刊：《主流》、《祖國周刊》、《中國學生周報》等，都是傳播文化不可或缺的報刊，漸漸成為他們的主要陣地。

「新儒家」的徐復觀與提倡自由主義的殷海光關係微妙，在一九五〇年代初，兩位學者一起在《民主評論》及《自由中國》撰文，起初互相包容，後來卻水火不容，徐復觀希望在中華文化上發展民主，殷海光則希望與傳統割裂。直至一九六〇年代，雙方化敵為友，願意在思想上互補不足。至於「第三勢力」，並沒有傾向支持其中一方，反而在《祖國周刊》等報刊上，刊登兩位學者的文章，將傳統文化與民主自由兼容並蓄，使友聯出版社成為認識中西文化不可或缺的寶庫。

（五）小結

本文以「第三勢力」為研究對象，正是打破國、共兩黨的限制，寫一部「香港流亡史」，為逃亡香港的難民著書立說，帶出「第三勢力」對香港文化發展有舉足輕重的作用。試想想：如果人們刻意刪去「第三勢力」在香港的出版業務，那麼一九五〇年代的香港是一片「文化沙漠」嗎？

第二章

香港「第三勢力」的軍政教要員

第一節

幕後推手：美中情局的三腳架

（一）蕭泰志的構思

一九四九年，中共佔盡「天時」，佔據中國大陸；民國政府佔盡「地利」，以台灣海峽作天險；「第三勢力」又是否可佔「人和」，與中共和民國政府「三分天下」呢？那麼，我們便要從「第三勢力」的組織說起，探討其中人物。起初，「第三勢力」從中國大陸移師香港，香港又是英國殖民地，華人難以「另起爐灶」，使「第三勢力」難有所圖。一九五〇年一月，美國巡迴大使吉塞甫抵達香港，與不少香港「第三勢力」人士會面，象徵著「第三勢力」扭轉劣勢的機會終於來臨。

另外，中情局遠東情報負責人蕭泰志構思一個「三腳架」，加強「第三勢力」的組織，原意雖不在搶佔「人和」，但筆者需要指出，這個想法是在一個架構之中，分為三方面發展，再安排人手管理，參與人物雖不是大名鼎鼎，但都是一時俊彥，與搶佔「人和」有莫大關係。本文試以〈圖一〉，解釋蕭泰志的想法。

〈圖一〉是研究「第三勢力」在香港發展的重點，分為三個部分：政治、軍事及文化。我們依照上圖，便可認識「第三勢力」的架構。先說政治，以張發奎及顧孟餘為首，下設文化及軍事兩部分，所以在政治之下，有「左文右武」之稱。

圖一：蕭泰志的「三腳架」

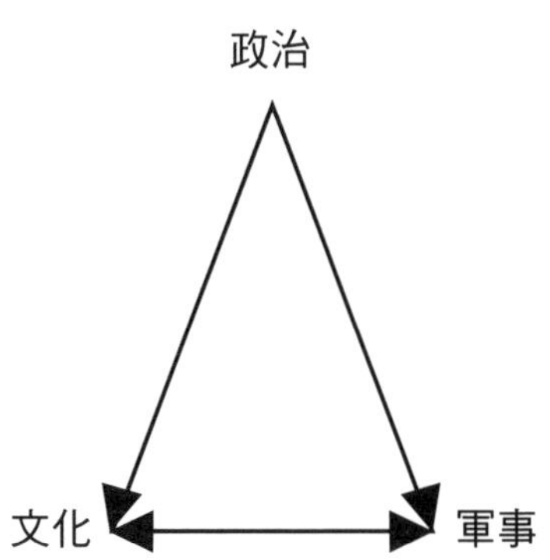

張發奎曾任海南特別行政區行政長官、中華民國陸軍總司令；顧孟餘曾任交通部部長、中央大學校長，二人行政經驗尚豐，是搶佔「人和」的理想人選。

如果政治一方，沒有軍事及文化的配合，始終是孤掌難鳴。「第三勢力」如要搶佔「人和」，在軍事及文化方面，就要選賢舉能。早在一九四九年四月，國防部第三廳廳長蔡文治到達香港後，便與第二任妻子吳佩琪暫居在佘漢謀之家（金巴倫道），靜待機會。吳佩琪是燕京大學畢業生，英語流利，與美國駐華大使司徒雷登（John Leighton Stuart）熟稔，令美國非常信任她，蔡文治便依靠吳佩琪提升地位。值得一提的是，蔡文治生母及前妻之子住在大埔。蔡之生母去世時，蔡文治也沒有奔喪。[1]蔡文治這樣做，難免令人懷疑目的所在：一是釐清家人關係，二是討好吳佩琪，爭取美國支持。

起初，蔡文治自稱有一百多萬游擊隊，希望建立海外基地，發展軍事勢力，於是聯絡艾奇遜（Dean Gooderham Acheson）及蕭泰志，再由前國務卿馬歇爾（George Catlett Marshall）推薦，加上妻子與司徒雷登的關係，幾經波折之下，美國才起用蔡文治，由陸軍戰略情報部臨時費用撥款，並以美國陸軍情報部成立的「敵後工作委員會」名義簽署，與中情局情報網聯繫，展開反共工作。[2]

對於蔡文治的說話，究竟美國有沒有考證呢？試想想：如果蔡文治有一百多萬游擊隊，莫說是影響整個中國大陸，甚至是整個東亞，都有一定能力，還需要美國資助嗎？

（二）李宗仁的領導

美國最初不是以張發奎、顧孟餘及蔡文治為「第三勢力」的核心，而是以李宗仁及顧孟餘為領袖。中國在第二次世界大戰結束後，國共談判破裂，爆發內戰，蔣介石及毛澤東

1／范武政〈蔡文治沖繩島訓練游擊幹部〉，《新聞天地》（第286期），1953年8月8日，頁8。
2／胡志偉〈「自由中國抵抗運動」的開場與收場〉，《傳記文學》（93卷6期），2008年6月，頁45。

的軍隊正面交鋒，起初國民黨戰況佔優，後來形勢逆轉，直至一九四九年一月二十一日，蔣介石下野，李宗仁走馬上任，擔任代總統，卻要面對中共大舉侵襲，漸感不支，五月八日來到廣州。

不久，美國領事館顧問何義均，陪同美國大使館公使銜代辦路易士・克拉克 Lewis Clark），到廣州迎賓館訪問李宗仁。克拉克向李宗仁慨嘆，中國只有蔣介石的勢力，以及共產黨的勢力，卻沒有一個兩者之間的「第三勢力」。李宗仁心領神會，以「第三勢力」作為反共計劃的後著，於是邀請顧孟餘來到廣州，籌組「自由民主同盟」，成為「第三勢力」的雛型。雖然張發奎有意參與，卻礙於身兼陸軍總司令一職，加上「同盟」之中，童冠賢及黃宇人反對軍人參與，使張發奎暫時打消念頭，[3] 所以「第三勢力」最初以李宗仁及顧孟餘為領袖，組織「自由民主同盟」，靜待時機，乘時冒起。

其後，「自由民主同盟」積極籌備，童冠賢、程思遠、李永懋、尹述賢、周天賢、黃雪邨、任國榮及陳克文等先後加入，商討組織事宜，通過組織綱領，並推舉顧孟餘擔任籌備會的主席，但對李宗仁的角色、對現實的政治、對參加的人物等議題，都沒有確實答案。顧孟餘雖有見識，但是否適合擔任此職，與民國政府及中共爭一日之長短，亦令陳克文感到懷疑。[4]筆者翻閱陳克文日記，發現陳克文雖然參與「第三勢力」，但是對「第三勢力」日後能否發展有所保留，這裡正是其中一例。其實，童冠賢擔任立法院院長時，陳克文正擔任立法院秘書長，後來與童冠賢共同進退，組織「第三勢力」。

其實，李宗仁希望早點成立「第三勢力」的籌備會，但是顧孟餘遲疑不決，亦有感於蔣介石前往廣州，引來一群政界人物跟隨其後，令顧孟餘心存顧忌，也令成立「自由民主同盟」之事一拖再拖，直至七月中才略有眉目。話雖如此，「同盟」人數不跌反升，吸引了邱昌渭等人加入，反映「第三勢力」的支持者不少，甚至有一些在軍政界舉足輕重的人

3／程思遠《政海秘辛》，香港：南粵，1988年，頁222。

4／陳克文《陳克文日記（1937-1952）》，台北：中央研究院，2012年，頁1233-1234。

物，都是「第三勢力」的支持者，薛岳就是其中一人，但都被顧孟餘拒諸門外，以免軍中要員加入。[5]

七月十三日，籌備會終於成立，童冠賢擔任成立會主席，通過顧孟餘草擬的公開文告，提出政治主張，[6]意味「第三勢力」的架構正式組成。顧孟餘雖有準備，但態度不甚積極。當時，顧孟餘已早謀後路，遷往香港堅尼地道居住，不希望與民國政府及中共正面交鋒，加上妻子反對組織「第三勢力」，以致顧孟餘常有後顧之憂，屢誤戎機，使「第三勢力」失去與國共斡旋的餘地，也是「第三勢力」日後遷往香港的主要原因。

早在六月底時，張發奎辭去陸軍總司令一職，離開中國大陸，移居跑馬地藍塘道，拋去民國政府的政治包袱後，便考慮參與「第三勢力」事務。八月，張發奎建議將「自由民主同盟」改成「自由民主大同盟」，並獲採納。[7]即使如此，張發奎仍然受到同盟成員的反對，顯然是大同盟不希望張發奎加入，而非介意張發奎的軍人身分，軍人身分只不過是大同盟反對的藉口。由此可見，張發奎被同盟拒諸門外，種下禍根，引發「第三勢力」的意見不合，造成日後各據山頭，並非無因。

（三）顧孟餘的組織

八月十五日，顧孟餘從香港出發，前往廣州，到達陳伯莊寓所後，與何義均、邱昌渭等人討論「第三勢力」事宜。程思遠則聯絡黃宇人、童冠賢等，為「第三勢力」出謀獻策，組成「第三勢力」的基本班底。九月初，「自由民主大同盟」舉行秘密會議，選出顧孟餘擔任主席，[8] 並分配〈表一〉職位。

5／前引張發奎口述、夏蓮瑛訪談及記錄《張發奎口述自傳》，頁368。
6／前引陳克文《陳克文日記（1937-1952）》，頁1238。
7／前引程思遠《政海秘辛》，頁234。
8／同上。

翻查上述十二人的資料，除了何義均外，十一人都曾經擔任立法委員，而且多是國民黨黨員，童冠賢甚至是立法院院長，邱昌渭則是總統府秘書長。換句話說，「自由民主大同盟」成員以國民黨籍的立委為主，希望在中國南部建立組織。然而，廣州快要淪陷，顧孟餘亦已僑居香港，「第三勢力」只好從廣州南遷，另謀出路，成為香港「第三勢力」興起的原因所在。從現實政治思考，當「第三勢力」有意在香港另起爐灶時，成員隨時會失去立委議席，令他們遠離權力核心，反映「第三勢力」早已存在隱憂。

表一：自由民主大同盟職位分配[9]

姓名	職位
童冠賢	書記
程思遠	副書記
尹述賢	組織組長
周天賢	組織副組長
涂公遂	宣傳組長
何義均	政治組長（未到職）
陳克文	財政組長
邱昌渭、黃宇人、甘家馨、李永懋、尹述賢	幹事

早在七月時，中央銀行總裁劉攻芸離職前，給予李宗仁二十萬元，二十萬元先由陳克文在香港租借地方，成立辦事處，再經程思遠之手，轉交顧孟餘，給予工資。顧孟餘得到三萬港元，組長及幹事則有五千港元月薪。[10]可見「第三勢力」成員起初收入充足，滿足他們生活的基本需求，但是開支龐大，不消一年半載，二十萬元已經所餘無幾。

十月初，顧孟餘獲李宗仁發給官員護照，以備外訪之用，「自由民主大同盟」亦移師香港，在福佬村道開設辦事處，顧孟餘多年來的下屬谷錫五、童冠賢的秘書劉漢文亦住在此處，顧孟餘開始擘劃「第三勢力」的發展，加入前東北大學校長黃如今、前清華大學教授張純明、北平市政府教育局長王季高（後任《自由報》編輯）、立法委員王孟鄰、邵鏡

9／同上。

10／另一說是十萬，不論誰是誰非，都是金額龐大。參閱黃宇人《我的小故事》（下冊），香港：吳興記，1981年，頁118。

人等新血，參與人數一度多達百人，發展迅速。顧孟餘每星期主持幹事會一次，[11]加強組織。

十月七日，童冠賢辭任立法院院長。童冠賢為了參與「第三勢力」，甘願重新開始，放棄得來不易的權力。對於童冠賢來說，這個決定殊不容易，過往在中央大學任職時，顧孟餘擔任校長，二人一起工作，言談投機，做事甚有默契，童冠賢才決心辭去院長一職，如非顧孟餘慫恿，童冠賢是否辭任，的確難有定論。

「自由民主大同盟」開會後，顧孟餘決定出版一份期刊，名為《大道》，以半月刊或月刊形式發行，又自任總編輯，命令涂公遂籌備發行，在駱克道租用辦事處，[12]不久便已準備就緒。會議又決定成立〈表二〉組織。

表二：自由民主大同盟委員會[13]

委員會	委員	工作
財務委員會	程思遠、李永懋、陳克文	管理李宗仁的捐款及其他收入，核實開支
事業委員會	童冠賢、甘家馨	推動文化事業，籌辦一所中學

可是，「自由民主大同盟」成員沒有固定住所，欠缺宣傳，財務屢現危機，例如：早在八月時，尹述賢取去五千元，尋找辦事處，卻在九龍購入單位自住，同盟便將尹述賢革職，[14]以周天賢繼任。坊間指周天賢有「三多」：「情報多，主意多，方面多」；有三長：「長於殷勤，長於奔走，長於縱橫」，深得上司信任，[15]因而成為繼任的不二之選。

且看貌似工作繁多的財委會，卻只開過一次會議，委員李永懋更因錢財受控，被迫退出「大同盟」。李宗仁又以邱昌渭續任總統府秘書長，不再擔任同盟幹事，[16]令「大同盟」

11／前引程思遠《政海秘辛》，頁 234。
12／前引黃宇人《我的小故事》（下冊），頁 120-122。
13／同上。
14／另一說是尹述賢自願辭職。參閱前引陳克文《陳克文日記（1937-1952）》，頁 1248。
15／焦大耶〈第三百六十一行買賣〉，《新聞天地》（第 295 期），1953 年 10 月 10 日，頁 11。
16／前引黃宇人《我的小故事》（下冊），頁 118-120。

成員接二連三地離開，人才亦旋得旋失，反映「第三勢力」欠缺全盤計劃，令「大同盟」名存實亡，以致首個「第三勢力」組織瞬間瓦解。

（四）李宗仁的失勢

十一月二十日上午，李宗仁不顧張發奎及「自由民主大同盟」的反對，[17]離開中國大陸，飛抵香港，秘密住在巴丙頓道的太和醫院，醫治胃潰瘍，曾派程思遠邀請顧孟餘到太和醫院會談，顧孟餘慫恿李宗仁以代總統名義赴美，正合李宗仁心意。原因是李宗仁不甘心前往台灣，復任副總統，所以不理會黃宇人反對，以治病為理由，遠赴美國。李宗仁表面是治病，實際是希望遙控「第三勢力」，並以甘介侯為翻譯，與杜魯門總統（Harry S. Truman）會面，[18]用意是維持「第三勢力」的領導地位。然而，李宗仁不久便已失勢，地位日漸被張發奎、顧孟餘取代，史稱「張、顧聯盟」。

（五）彭昭賢的洩密

一九四九年末，廣州嶺南大學校長香雅各（Dr. James McCure Henry）聯絡張發奎，希望由他領導「第三勢力」。如上所述，張發奎早已蠢蠢欲動，希望加入「第三勢力」，但遭受「自由民主大同盟」的反對，又認為自己打游擊戰的能力，遠遠不及中共，所以建議香雅各先在越南、菲律賓、日本等地設立基地，訓練軍隊，培養實力。張發奎深信，國民黨在中國大陸倒台後，便難以再上場，所以利用香港殖民地的獨特角色，在香港樹立一面「第三勢力」的旗幟。張發奎又受英國禮遇，在香港可以攜帶手槍，藉此凝聚力量，培訓青年，吸納人才。張發奎有自知之明，深知自己只是軍人，不懂政治，不像「自由民主大同盟」排擠別人，反而力薦顧孟餘擔任要職，力邀張國燾、李璜、李微塵、伍憲子等加入「第

17／前引程思遠《政海秘辛》，頁230。
18／顧維鈞《顧維鈞回憶錄》（七），北京：中華，1983年，頁606。

三勢力」，[19]使「第三勢力」人才濟濟。

對於上述之事，「第三勢力」都要保密。可是，不久之後，消息便已外洩。究竟誰是洩密者呢？筆者嘗試翻閱蔣介石批閱的文件，發現洩密者就是彭昭賢。從一九五〇年十月開始，國民黨駐港工作人員開始接觸彭昭賢。其後，彭昭賢一邊負責聯絡政治及文教人士，研究對敵戰術，一邊參與「第三勢力」，向民國政府匯報「第三勢力」最新動向，並與美國國務院代表會面，身分特殊。雖然蔣介石曾指出「彭（昭賢）陳（石孚）二氏不能用」，[20]實情是彭昭賢為民國政府刺探「第三勢力」情報，例如：匯報許崇智及桂系在「第三勢力」的最新動向，又曾阻止「第三勢力」自立門戶，建立政府，[21]都是「第三勢力」政治發展停滯不前的原因。

更甚者，彭昭賢要求美國確保台灣安全後，容許民國政府抽調十萬大軍，沿海突擊，美國負責供應船隻、彈藥等物資，目的是要中共疲於奔命，[22]反映彭昭賢支持民國政府，而不是支持「第三勢力」。「第三勢力」只要有彭昭賢的參與，內部機密便會外洩。

19／前引張發奎口述、夏蓮瑛訪談及記錄《張發奎口述自傳》，頁 369。

20／《總裁批簽》，台（39）改秘室字第 0098 號張其昀、唐縱呈，1950 年 10 月 30 日，中國國民黨文化傳播委員會黨史館藏。

21／〈許崇智在港領導之「中國民主反共同盟」醞釀發展現況〉，《總裁批簽》，台（40）改秘室字第 0083 號張其昀、唐縱呈，1951 年 2 月 23 日，中國國民黨文化傳播委員會黨史館藏。

22／〈為彭昭賢同志與美國務院駐港代表可勞夫晤談及美應援我反攻意見〉，《總裁批簽》，台（40）改秘室字第 0076 號張其昀、唐縱呈，1951 年 2 月 15 日，中國國民黨文化傳播委員會黨史館藏。

第二節

各據山頭：出版業務橫空出世

（一）左舜生的推動

「第三勢力」文化方面的發展，可說是各據山頭。一九四九年九月，青年黨「七大老」之一的左舜生來到香港後，[23]籌辦雜誌，並於十二月三日創辦《自由陣綫》周刊，以鑽石山上元嶺石磡村四五六號A為登記地址，初時未能風行香港，又與黨友謝澄平意見不合，謝澄平意見較接近「第三勢力」，左舜生意見則較接近民國政府，而且擁護蔣介石，所以要求國民黨資助《自由陣綫》，起初事事順利，後來《自由陣綫》意見越趨反對國民黨，使資助旋得旋失。

考查青年黨黨員在香港暫居之地，不少是遷入鑽石山木屋區：蒲崗村、大磡村、牛池灣村一帶，久而久之，當地漸漸成為「第三勢力」的聚居地。而《自由陣綫》最初的地址，正是左舜生的住址，印證鑽石山木屋區對「第三勢力」發展的重要。

再者，李宗仁離開中國大陸前夕，為了拉攏關係，借總統府秘書長邱昌渭之助，向青年黨及民社黨各分發兩萬銀元券，[24]謝澄平代表青年黨，接受這份「厚禮」。謝澄平將部分金錢送到台灣的青年黨，其餘則在牛池灣租地，興建木屋，成為青年黨在香港的落腳點，加快建立「第三勢力」根據地，並與左舜生創辦《自由陣綫》。原以為左、謝二人曾在農林部共事（左氏任部長，謝氏任次長），後來二人意見分歧，連同以往共事的不快經歷，

23／青年黨「七大老」：曾琦、左舜生、李璜、陳啟天、何魯之、余家菊及常燕生。

24／對於這一筆錢的說法，眾說紛紜，一說是兩萬元，一說是三萬元，不論如何，為數非少。參閱雷震《雷震日記》（32），1950年4月4日，台北：桂冠，1989年，頁63、前引程思遠《政海秘辛》，頁236。

全部翻起舊帳，使《自由陣綫》陷入困境。

《自由陣綫》資金有出無入，自然不敷應用，有人典當，有人借款二千元，才足夠《自由陣綫》營運三個月，[25]不管謝澄平怎樣勤力，翻譯文稿，也不會吸引很多讀者翻閱《自由陣綫》。當時，《自由陣綫》編輯人員只有五十至一百元月薪，生活非常艱苦，[26]他們甚至三個月不能理髮，生活艱難。[27]謝澄平向來與李璜不睦，又因《自由陣綫》的立場，與左舜生發生糾紛，只好找另一位青年黨元老一何魯之。

何魯之來到香港後，原先希望借助左舜生創辦的《自由陣綫》，籌組研究所，奈何金錢不足，只好擱置計劃，還用儲蓄補貼《自由陣綫》，再向同屬青年黨的劉德譜借款，[28]劉德譜是油蔴地小輪有限公司總經理，生活遠較其他人穩定。李璜抵港後，也曾在劉德譜處工作，工資約為一千元，賴以維生。由於李璜、何魯之及劉德譜都是青年黨黨員，黨友互相照顧可謂無可厚非，所以劉德譜二話不說，立刻向何魯之借款數千元。[29]然而，款項始終有限，出版雜誌又是一門「蝕本生意」，往往入不敷支。不久，《自由陣綫》又再資金緊紐了！

（二）吉塞甫的行程

一九五〇年一月十七日上午八時，吉塞甫從台北前往香港。坊間對吉塞甫來港時間，大多語焉不詳，有些說是一九四九年末，[30]有些說是一九五〇年春，[31]有些說是一月二十一

25／謝澄平〈三年來的自由陣綫〉，《自由陣綫》（12卷5、6期），1952年12月5日，頁4。
26／張葆恩〈何魯之先生（中）〉，《現代國家》（274期），1987年11月1日，頁27-29。
27／焦大耶〈第三百六十一行買賣〉，《新聞天地》（第294期），1953年10月3日，頁9。
28／郭士指出李璜加入「油蔴地輪渡公司」，與黨友劉德溥一起工作，公司全名是「油蔴地小輪有限公司」，劉德溥或可作「劉德譜」。參閱《工商日報》，1950年5月21日，頁6、郭士〈自由出版社滄桑史〉，前引陳正茂編著《五〇年代香港第三勢力運動史料蒐秘》，頁75。
29／前引張葆恩〈何魯之先生（中）〉，頁27-29。
30／前引郭士〈自由出版社滄桑史〉，頁78。
31／趙滋蕃《文學原理》，台北：東大，1988年，頁603。

至二十二日，[32]可惜都是不盡不實的說法。於是，筆者翻查各大報章，發現吉塞甫來港時間應為一月十七至二十日。[33]其後，吉塞甫便前往馬尼拉。本文藉此釐清事實，免生誤會。

當吉塞甫來港後，便有不少傳聞：分別密會徐傅霖、李微塵、荊磐石、孫寶剛等人，荊磐石與之餐敘，徐傅霖與之會談十分鐘，獲資助美金二百萬元，孫寶剛被憲兵拒於門外等。[34]可以確定的是在一月十八日，艾奇遜透露，希望中國有「第三勢力」崛起，代替國、共兩黨，成為「真正代表人民」的力量。[35]再者，吉塞甫來港短短四日，包括在半島酒店開記者會，重申「對華政策白皮書」的觀點，還帶出希望中國出現「第三勢力」，[36]自然激勵組織「第三勢力」的人。

香港報章對於美國是否支持「第三勢力」，都會加以評論，例如《工商日報》的〈社論〉指出：

> 曠觀中國之大，第三種勢力之產生，竟如此其難，這是完全由於中國的民主政治，

尚在一個扶床學步的階段，如果有人從國共兩黨之外，提出一種新的政治主張，鼓吹一種新的政治運動，而缺乏軍事與經濟的支持，自必為人所竊笑，故無論中國人民抑或美國當局，如果一方面希望第三種力量產生，而一方面對於自由中國的自由分子不予以道義上積極的鼓勵，則第三種勢力是很難有崛起機會而且能夠在政治上產生領導作用的。[37]

32／前引張葆恩〈何魯之先生（中）〉，頁29。

33／〈傳吉思普赴台任務，探詢台灣經濟能力〉，《工商日報》，1950年1月17日，頁1。

34／前引張葆恩〈何魯之先生（中）〉，頁28-29。

35／〈美國從未考慮承認中共政權〉，《工商日報》，1950年1月20日，頁2。

36／這裡，趙滋蕃「欲言又止」，只說：「……（吉塞甫）提出了敝國人民希望貴國出現什麼之類的話。這在當時的人聽來，不啻注射了一針強有力的興奮劑。」所謂「出現什麼之類」，明眼人一看，就知道是「出現第三勢力」。這與當時台灣政治仍未開放，不無關係。參閱前引趙滋蕃《文學原理》，頁603-604。

37／社論〈第三勢力從何崛起？〉，《工商日報》，1950年1月20日，頁2。

《工商日報》意見值得參考，以便我們獲悉「第三勢力」的困難所在，指出「第三勢力」在國共兩黨以外從政，缺乏軍事與經濟的支持，發展面對重重困難，不失為中肯之言。

（三）謝澄平的努力

吉塞甫到港之際，謝澄平經尖沙咀天星碼頭，前往港島，遇見民社黨的盧廣聲，盧廣聲希望謝澄平與吉塞甫會面，如不得其門，便先見尤金。[38]然而，對於謝澄平而言，吉塞甫及尤金是何許人也，只是略懂皮毛，正當猶疑之際，將此事告訴何魯之。何魯之曾經在法國留學，深知外國人十分重視留學生，認為謝澄平只要在卡片上，寫上哥倫比亞大學碩士的身分，自然可以與吉塞甫會面。

於是，謝澄平下定決心，前往金鐘花園道的美國駐香港領事館，按何魯之的說話，在卡片上寫自己的學歷，等待會面。正所謂「薑是老的辣」，年輕人的經驗往往不及成年人，謝澄平只消一會，就如何魯之所想，便可以與尤金的代表，也是與蔡文治聯絡的蕭泰志會面。巧合的是，蕭泰志與謝澄平都是哥倫比亞大學的畢業生，所以引介謝澄平與同屬哥倫比亞大學的吉塞甫見面。[39]三人會面期間，後因吉塞甫有要事在身，所以對謝澄平說：「以後和蕭泰志會面。」[40]就是這樣，謝澄平與蕭泰志在三個月內，每星期會面一次，但是內容都不著邊際，談話內容不是應酬，就是「師兄弟」聚舊。

38／一說是丁廷標介紹謝澄平。不論如何，謝澄平都是透過其他人士，獲悉吉塞甫來港一事。參閱前引焦大耶〈第三百六十一行買賣〉，《新聞天地》（第295期），頁9。

39／慕容羽軍認為指謝澄平與吉塞甫是同學。其實，謝澄平在1927年正就讀哥倫比亞大學，但吉塞甫已在1927年取得哥倫比亞大學博士學位，所以慕容羽軍之說難以成立。參閱史農父〈吉塞普與亞洲局勢〉，《自由陣綫》（1卷5期），1950年1月7日，頁8、慕容羽軍《為文學作證：親歷的香港文學史》，香港：普文社，2005年，頁53。

40／焦大耶指出，吉塞甫與謝澄平是「先後同學」，吉塞甫轉介東南亞某部門的主持者蘇傑士（蕭泰志）會談。這與張葆恩引述何魯之的說法相近。參閱前引焦大耶〈第三百六十一行買賣〉，《新聞天地》（第295期），頁9。

雖然謝澄平開始心灰意冷，但是經過何魯之的鼓勵，在五月一日，為《自由陣綫》出版「第三勢力運動專號」，[41]表現自己對「第三勢力」意志堅決的一面，以盛超為筆名，提出國家獨立、政治民主、經濟平等、文化自由四大綱領[42]（後來才改為民主政治、公平經濟、自由文化三大綱領），[43]並找何魯之與蕭泰志會晤。雖然蕭泰志精通華語，但都只說英文，要謝澄平向何魯之翻譯，[44]這有兩個好處：一是看清楚謝澄平翻譯時有沒有說謊；二是看清楚何魯之的應對，可見蕭泰志的確是一個「老江湖」。

然而，何魯之也深知蕭泰志的用意，先試探對方誠意，發現對方誠意可嘉後，便在第三次會面時，亦即五月十八日，坦誠表示希望與美國合作，使蕭泰志與何魯之、謝澄平達成共識，美國出錢，何、謝二人出力，[45]成為青年黨參與「第三勢力」之始。美國以自由亞洲委員會（Commitee for Free Asia）的名義，[46]每月向謝澄平資助二萬美元。[47]一九五〇年下半年，《自由陣綫》便如雨後春筍般發展，創辦自由出版社，建立「第三勢力」的文化堡壘，在「第三勢力」出版業中獨佔鰲頭。

可是，坊間有另一個說法。謝澄平及何魯之不是與蕭泰志會面，而是與吉塞甫會面，吉塞甫要求謝澄平撰寫一份《第三勢力發展計劃》，計劃書指出怎樣凝聚香港難民的力量，香港卻是英國的殖民地，也是一個禁止政治活動的地方，所以「第三勢力」要著手籌備一

41／《自由陣綫》（2卷2期），1950年5月1日。

42／謝澄平有這個想法，源於張君勱信件中四個觀點，所以摘錄原件，以盛超為筆名，發表文章。參閱王雲五等《張君勱先生七十壽慶紀念論文集》，台北：張君勱先生七十壽慶紀念論文集編輯委員會，1956年，言行錄頁47、盛超〈中國第三勢力與自由世界〉，《自由陣綫》（2卷2期），1950年5月1日，頁5。

43／本社〈我們的基本信念〉，《自由陣綫》（3卷3期），1950年10月10日，頁4-5。

44／前引張葆恩〈何魯之先生（中）〉，頁27-30、張葆恩〈大時代的悲劇人物（上）——悼念謝澄平老哥〉，《全民》（14卷7期），1992年10月15日，頁27-31。

45／同上。

46／坊間或將「自由亞洲委員會」，統稱為「亞洲基金會」，如陳正茂所指「謝澄平透過管道與傑塞甫（吉塞甫）見面時……傑氏答應以亞洲基金會名義，給予每月兩萬美元的補助」。其實，「自由亞洲委員會」在1954年後，才改組成「亞洲基金會」。參閱前引陳正茂編著《五〇年代香港第三勢力運動史料蒐秘》，頁48。

47／前引慕容羽軍《為文學作證：親歷的香港文學史》，頁53。

個文化機構，作為中心，出版雜誌，印刷書籍，推動「第三勢力」的發展。[48]雷嘯岑、萬麗鵑及陳正茂都有相近的意見，指出謝澄平向吉塞甫執弟子之禮，吉塞甫因而產生好感，決定資助謝澄平。[49]陳正茂甚至指出吉塞甫就是S君。[50]

據張葆恩、郭士及陳正茂所述，三人都曾經提及S先生。張葆恩曾在〈何魯之先生（中）〉一文，指出與謝澄平多次會面的人，就是蕭泰志，可是在〈大時代的悲劇人物（上）——悼念謝澄平老哥〉中，指出與謝澄平會面的人，則是S先生：「澄平道明來意，乃由S先生之引介，終獲與吉賽普晤談片刻。吉氏於倉卒間交代了一句話：『爾後和S聯絡。』」[51]如上所說，蕭泰志是謝澄平及吉塞甫的中間人，應是S先生，而非吉塞甫是S先生，加上何魯之曾向張葆恩說出會面經過，會面也只有謝澄平、何魯之及蕭泰志三人參與，何魯之就是其中之一，所以張葆恩複述何魯之的說法，理應較為可靠，而郭士與張葆恩所述大致相近，間接證明郭士就是張葆恩的筆名。

此外，郭士稱S先生是「美國東南亞政治最高的幕後負責人」。[52]一九四九年，蕭泰志擔任中情局遠東地區負責人，吉塞甫則擔任巡迴大使，巡迴大使又稱為「無任所大使」，是一位沒有駐所的國家代表，明顯與S先生的身分不符，反而蕭泰志任職遠東地區，即與東南亞有密切關係，職位較為吻合。可見S先生應是蕭泰志，而不是吉塞甫。

（四）丁文淵的起落

除了謝澄平外，丁文淵、張國燾、黃宇人、孫寶剛、孫寶毅兄弟也曾找吉塞甫，希望

48／同上。
49／前引雷嘯岑《憂患餘生之自述》，頁169-170、前引萬麗鵑〈一九五〇年代的中國第三勢力運動〉，頁29。
50／陳正茂〈第三勢力運動：《自由陣綫》集團的興衰〉，《南方都市報》，2013年9月4日。http://epaper.oeeee.com/epaper/C/html/2013-09/04/content_2232304.htm?div=-1。
51／前引張葆恩〈大時代的悲劇人物（上）——悼念謝澄平老哥〉，頁30。
52／前引郭士〈自由出版社滄桑史〉，頁78。

在「第三勢力」中先拔頭籌。丁文淵及張國燾更曾多次約見吉塞甫，奈何蕭泰志與謝澄平言談投機，吉塞甫又曾爽約，[53]否則美國資助「第三勢力」的人，隨時是丁文淵及張國燾了。原因是丁文淵曾任駐德國大使館參贊、同濟大學校長等職，張國燾曾經加入中共，是中共唯一見過列寧的人。一個有學術成就，另一個地位尊崇，丁、張二人自然是美國合作的對象。

直至一九五〇年初，劉航琛向丁文淵提議，辦一份反共刊物，丁文淵雜誌命名為《前途》，由資委會補助金四十二萬港元，[54]再由現代國家社出名具領，以便教育及宣傳，但劉航琛以監察院彈劾金錢來源為藉口，而把存款放在銀行，不肯全數交出款項，令丁文淵未能全數領取經費，但已用去四萬元開辦費，四萬元買印刷所，十一萬元買住宅（與張沅長同住），加上《前途》每月開支約一萬元，其中丁文淵、王聿修、張沅長及陳濯生各領一千四百元月薪，胡越領取四百元月薪，還有四名員工各領二百元，[55]開支龐大。

三月一日，丁文淵創辦《前途》半月刊，擔任社長，以金文波、丁東之為筆名，[56]在《前途》撰文，並為「第三勢力」宣傳，與許崇智、宣鐵吾、彭昭賢、上官雲相等合作，堅持反共立場，闡述民主思想，秉持科學理念，期望人民富足，國家富強，進而成為一個民主自由的國家。丁文淵又邀請殷海光、張佛泉（筆名：資友仁）[57]等學者撰文，還獲得王雲五、徐復觀等人支持，[58]培養《前途》學術風氣。可是，《前途》資金緊絀，虧本甚多，連出版三期的稿費、數千元印刷費也負擔不起，所以出版不足十期，七月便告停刊，丁文淵亦

53／前引雷嘯岑《憂患餘生之自述》，頁169-170。
54／一說是47萬港幣。不論孰真孰假，數目亦非等閒。參閱陳運周〈從香港看「第三勢力」〉，《新聞天地》（第138期），1950年10月14日，頁6。
55／雷震《雷震日記》（32），台北：桂冠，1989年，頁76-77。
56／坊間鮮有提及丁文淵這兩個筆名，本文加以強調，以便日後研究。參閱筆者〈丁文淵與《前途》〉，香港：香港史學會，2017年，頁29-44。
57／資友仁的筆名研究，參閱同上。
58／陳維琯〈風雨同舟五十年〉，三藩市：未刊，2002年，頁1。

難以發揮一技之長，不久創辦新世紀出版社，並於一九五三年獲陳濯生邀請擔任友聯研究所顧問。

雷震稱《前途》為「第三勢力」機關刊物，[59]事實不然，丁文淵並非「第三勢力」的核心，只是以一個純學者身分，創辦《前途》。可見雷震雖曾代表蔣介石，到香港慰問各界人士，但長時間居於台灣，未能充分了解「第三勢力」的發展，以致了解不夠全面，難免與事實不符。

（五）謝澄平的組織

與此同時，謝澄平獲得美國資助後，深知李璜及左舜生對自己沒有好感，所以先與何魯之合作，爭取美援，其後勢力大增。謝澄平把第一張美援支票，交給何魯之，但何魯之堅拒不受。在青年黨內，何魯之一直不管錢財，希望藉此訓練謝澄平，獨挑大樑。五月十八日，亦即謝澄平爭取美援後的同一天晚上，在何魯之的鑽石山寓所內，舉行第一次會議，[60]分配職務〈表三〉。

考查上表六人身分，多是青年黨黨員，以青年黨作為自由出版社的骨幹，是否能夠吸引新成員加入，甚至普羅大眾的支持，尚成疑問。一九五〇年七月，自由出版社正式成立，[62]後以 newsletter 的形式，印刷《自由陣綫》英文版雙周刊，由李微塵主編，迎合僑胞及外國讀者的需求。[63]李微塵曾是民社黨

59／前引雷震《雷震日記》（32），頁64。
60／前引郭士〈自由出版社滄桑史〉，頁98。
61／同上。
62／謝澄平〈三年來的自由陣綫〉，《自由陣綫》（12卷5、6期），1952年12月5日，頁4。
63／編者〈本刊的動向〉，《自由陣綫》（3卷1期），1950年9月16日，頁2。

表三：自由出版社成立前職務分配[61]

姓名	職位
謝澄平	總經理
龔從民	副總經理
史澤之	總編輯
張葆恩	總務主任
夏爾康	資料室主管
何魯之	顧問

黨員，任職於自由出版社，有助自由出版社注入新血。

其後，謝澄平遷居加連威老道，住進新式洋房，燈火通明。何魯之只是移居廣東道，燈光昏暗，每天翻閱報章，為自由出版社擘劃，[64]態度務實，與謝澄平的生活截然不同。[65]

當《自由陣綫》鞏固基礎後，謝澄平便開始擴闊「市場」，先收購廣州報人李菁林的《中聲日報》，改由左幹枕（左舜生侄兒）管理，但不插手干預編採方向，又不解僱員工，[66]爭取員工支持，實踐「自由文化」的方針。《中聲日報》初為三日刊，後改日刊，發行至一九五二年十月，因為經濟問題而停刊。[67]一九五一年二月，謝澄平及丁廷標創辦《中聲晚報》，張葆恩及陳濯生先後擔任總編輯，孫淡寧（孫寶剛妹妹）亦曾擔任編輯。後來，張葆恩結識投稿的劉紹銘等人，為《中聲晚報》增加稿源，增加銷量。[68]《中聲晚報》曾率先以號外報道麥克阿瑟（Douglas MacArthur）被免職一事，震驚中外，[69]廣受歡迎，成為人們津津樂道的事情，也成為當時三份知名晚報之一（另外兩份是《星島晚報》及《新晚報》），一紙風行。

翻查數據，《自由陣綫》在一九四九年十二月三日創刊後，在一星期之內賣去一千份，合共賣出二千份，銷量總算不俗。次年，《自由陣綫》多為「第三勢力」宣傳，印刷量與日俱增，曾在一九五一年時，增印四倍，[70]足以反映《自由陣綫》同人的努力外，也反映《自由陣綫》開始獲得人們大眾的關注，討論「第三勢力」的議題，令《自由陣綫》成為「第三勢力」初期主要報刊之一。

在龐大出版業務的背後，自然需要書店及印刷廠的支持，以印刷及銷售作為出版社的

64／前引郭士〈自由出版社滄桑史〉，頁99。
65／前引張葆恩〈大時代的悲劇人物（中）——悼念謝澄平老哥〉，頁16。
66／前引慕容羽軍《為文學作證：親歷的香港文學史》，頁53。
67／張明〈三年來的香港新聞文化界〉，《自由陣綫》（12卷5、6期），1952年12月5日，頁37。
68／前引張葆恩〈大時代的悲劇人物（中）——悼念謝澄平老哥〉，頁26。
69／前引張明〈三年來的香港新聞文化界〉，頁37。
70／樓文毅〈發行小記〉，《自由陣綫》（3卷6期），1950年12月1日，頁28。

最大後盾，自由出版社也不例外。一九五〇年五月後，謝澄平陸續創辦田風印刷廠（高士打道二二一號），創辦福利書店（德輔道西二六九號）；同年十月，創辦平安書店（彌敦道六七六號）。一九五一年初，謝澄平將《自由陣綫》改為周刊發行，期間興辦尚德英文書院、中共問題研究所、自由作家俱樂部、時代思潮出版社等學校及組織，成為自由出版社的「附屬品」。田風印刷廠由青年黨的立法委員劉子鵬擔任老闆，[71]承印多份「第三勢力」刊物，如《自由陣綫》、《聯合評論》等，也有印刷「第三勢力」以外的報刊，如《自由鐘》就是其中一例，逐漸建立出版基地，勢力日增。

另外，謝澄平協助一些年青的知識分子，並組成「民主中國青年大同盟」（簡稱Y、U、D、C），[72]成員包括：邱然、陳濯生、胡越、徐東濱、許冠三、徐速等。[73]另有「民主獨立中國運動」，活動以舉行座談會為主，成員包括：張國燾、黃宇人、李微塵、孫寶剛、黃如今等，以座談會的形式，聯絡各界，提升地位，使謝澄平聲望日隆。

謝澄平獲取資助後，經濟實力雄厚，在「第三勢力」的文化界擔任重要一角，希望推翻共產黨的專制，消滅國民黨的獨裁，甚至自詡為「第三勢力的先鋒，自由陣線的喉舌」，聲勢浩大。[74]自由出版社曾在九龍城道立足，一九五三年元旦喬遷至彌敦道五八〇號D，進入旺角鬧市之中，亦即現今彌敦道與登打士街交界，車水馬龍，人頭湧湧的情景可想而知。自由出版社樓高兩層，二樓是出版社，地舖是書店，有如前舖後居，出版源源不絕，可見實力雄厚。短短四年之間，自由出版社發行書籍多達二百種，業務蒸蒸日上。

71／前引漢元《香港的最後一程》，頁232。
72／一說為「中國青年民主同盟」。不論如何，都是指同一團體。參閱前引趙滋蕃《文學原理》，頁606。
73／郭士介紹「民主中國青年大同盟」的成員，如陳濯生任友聯出版社新加坡負責人、胡越任友聯出版社日本負責人等，是1960年代初的事情，而不是1950年代初的事情。本文先作澄清，免生誤會。參閱前引郭士〈自由出版社滄桑史〉，頁92。
74／〈卷頭語〉，《自由陣綫》（7卷1期），1951年9月14日，頁3。

（六）謝澄平的缺失

上文談及謝澄平開創自由出版社，有功於「第三勢力」。後來，自由出版社聘請不少人才，例如：徐東濱、黃思騁、司馬璐等，擔任編輯。然而，他們不滿謝澄平操縱開支，更指有人中飽私囊，與「民主中國青年大同盟」先後離開自由出版社，「同盟」更不滿年長一輩只知打牌賭馬，而不知發展事業，暗指張國燾是「打牌高手」，謝澄平則縱橫馬圈。[75]其後，他們都獲得「綠背」資助，分別創辦人人出版社（許冠三、黃思騁）、友聯出版社（「民主中國青年大同盟」）及高原出版社（徐速），自聯出版社（司馬璐）開始獨立營運。一瞬間，「綠背」出版社雲集香江，構成「綠背文化」系統的雛型，成就「流亡文學」的興盛。此後，自由出版社漸漸失去「第三勢力」文化界的龍頭地位，被其他出版社取而代之。

一九五一年，謝澄平資助司馬璐籌組自聯業務，以此成為自由出版社的外圍組織，支援自由出版社的工作，卻引發司馬璐及蔣炎武（筆名齊星士）爭奪領導權，三人因而交惡。五月一日，司馬璐向何魯之表達謝澄平對他動粗，曾登報表示不滿。九月二十三日晚上八時，蔣炎武又曾在山林道街頭痛毆謝澄平，因而有「馬登報、齊打人」的說法，還有報章刊載，都由何魯之一一化解。十一月三十日，蔣炎武告發謝澄平，港府政治部搜查謝澄平的住所。何魯之促請謝澄平造訪伍憲子及趙冰，準備訴訟，最後和解了事，事情才得以告一段落。[76]

據張葆恩所述，謝澄平「獨斷獨行，為所欲為」，又指出謝澄平打壓朋友：「排丁（廷標）、打龔（從民）、拒何（魯之）」。[77]自一九五一年初起，左舜生、左幹枕及丁廷標要求查帳，甚至要求由左舜生接任社長，決策需由左舜生、左幹枕、何魯之、丁廷標及謝澄平五人商議。謝澄平無可奈何，只好找何魯之解釋。三月十五日，在佐敦庇利金街的紅

75／前引郭士〈自由出版社滄桑史〉，頁92。
76／前引張葆恩〈大時代的悲劇人物（中）——悼念謝澄平老哥〉，頁20-22。
77／同上，頁20。

樓酒店中，何魯之、左舜生、謝澄平、左幹枕及丁廷標舉行會談。何魯之表明，不希望年長的人插手出版社事務，所以提出每逢星期四，左舜生、何魯之及謝澄平三人在何宅交換意見，使謝澄平免除濫權之嫌，平息事件，稱為「紅樓會談」。後來，左舜生不出席三人會議，自由出版社便以左舜生及何魯之擔任顧問，後來又加入翁照垣，成為骨幹人物，化解其中紛爭。[78]

此外，謝澄平住宅之內，常常舉行大小宴會，給政客高談闊論。何魯之曾勸告謝澄平不要營私，卻惹來謝澄平為免受何魯之牽制，竟以左舜生平衡何魯之的地位，甚至縮減何魯之的收入，以控制口腹的手段，使何魯之黯然退下，少理事務。[79]

一九五一年六月，丁廷標不滿社內運作方式，辭任《自由陣綫》主編，離開「是非之地」，到了東京盟總任職，《自由陣綫》主編一職，由張葆恩接任，可見自由出版社骨幹及年青一輩離開。後來，謝澄平標榜《自由陣綫》是「首倡第三勢力」，對「第三勢力」發展亦於事無補，[80]又將「第三勢力運動」改稱為「新勢力運動」，[81]希望將舊黨派一掃而空，改變「第三勢力」分崩離析的局面，最後都是徒勞無功。

自由出版社的另一難題是：一九五二年的美國總統大選，民主黨的史蒂文森（Adlai Ewing Stevenson II）落敗，共和黨的艾森豪威爾（Dwight D. Eisenhower）上場，共和黨一改民主黨的作風，削減「第三勢力」的資助。自一九五三年開始，自由出版社每月少收一千美元的資助，經費開始捉襟見肘。當時，蕭泰志已經返回美國，[82] 令自由出版社失去重要支柱。

78／同上。
79／同上，頁 22-24。
80／謝澄平〈民主自由的新勢力聯合起來〉，《自由陣綫》（10 卷 1 期），1952 年 5 月 21 日，頁 5。
81／社論〈新勢力運動的基本認識〉，《自由陣綫》（10 卷 1 期），1952 年 5 月 21 日，頁 3。
82／前引張葆恩〈大時代的悲劇人物（中）——悼念謝澄平老哥〉，頁 23-24。

（七）《大道》與《獨立論壇》

「第三勢力」出版業各自為政，除了《前途》、《自由陣綫》外，還有《大道》等雜誌發行。一九五〇年四月二十日，顧孟餘創辦《大道》，任職社長及總編輯，除了涂公遂在駱克道租用辦事處外，其他約稿及校稿，甚至撰稿，顧孟餘都親力親為，並以「存齋」為筆名，在創刊號發表〈中國現在所急切需要的是什麼？〉，[83]以建立「第三勢力」的文宣系統，頗有大展拳腳的氣勢。

直至一九五〇年六月二十五日，韓戰爆發，第二期《大道》相隔三日，即是在六月二十八日出版。原本是一份月刊的《大道》，卻要相隔兩個多月後才出版第二期，明顯是顧孟餘對出版業務思考不周。更甚者，韓戰爆發期間，顧孟餘卻要靜觀其變，使第三期《大道》相隔接近半年，才在十二月五日出版。再者，顧孟餘失去先機，未能團結《自由陣綫》、《前途》、《再生》等雜誌，造成「第三勢力」雜誌各自為政的弊端。顧孟餘若能審時度勢，早著先機，爭取民心，取得香港文宣的主導權，「第三勢力」的工作自然事半功倍。

直至一九五一年五月，《大道》出版超過一年，才出版第四期，[84]使《大道》由月刊變成一份季刊，日後甚至無聲無色地停刊，[85]顧孟餘的確責無旁貸。《大道》出版期間，顧孟餘便已花費約二十萬港元，每期《大道》的銷量卻不足一千份，耗資鉅大，成效有限。「自由民主大同盟」虎頭蛇尾，顧孟餘又鮮有出席會議，迴避「大同盟」成員，使「大同盟」名存實亡，加上《大道》停刊，「大同盟」難成氣候，又是顧孟餘半途而廢所致。可見顧

83／存齋〈中國現在所急切需要的是什麼？〉，《大道》（第1期），1950年4月20日，頁3。

84／程思遠指出「《大道》只出了兩期，就再無下文了。」黃宇人又指出「『大道』出版第一期後，第二期遲遲才出，第三期更拖延很久，從此竟無形停刊。」事實不然，《大道》共出版四期，分別在1950年4月20日、6月28日、12月5日及1951年5月15日出版。參閱前引程思遠《政海秘辛》，頁235、前引黃宇人《我的小故事》（下冊），頁125。

85／胡志偉指出顧孟餘在「1949年來港創辦《前途》雜誌，不到五期即停刊。」然而，顧孟餘出版的應是《大道》，丁文淵出版的才是《前途》。另外，《前途》在1950年3月1日出版，直至7月還有出版，而非「不到五期」。參閱前引張發奎口述、夏蓮瑛訪談及記錄《張發奎口述自傳》，頁395。

孟餘的處事方式，是「第三勢力」發展停滯不前的主因。

《大道》幾近停刊之際，「第三勢力」報刊卻陸續創辦，《獨立論壇》正是其中之一，在一九五一年四月一日創刊，創辦者黃宇人、甘家馨、涂公遂的用意是取代《大道》，起初向香港政府登記四千元，由程思遠（一千元）、李永懋（一千元）、黃宇人幾個朋友分擔（二千元），以涂公遂任經理，甘家馨任總編輯，黃宇人以黃如延之名，擔任督印人，何正卓、黃如今等人亦參與其中。《獨立論壇》第一次編輯會議中，還加入一些年青人：胡越、陳濯生、許冠三等，[86]銳意加強文宣，希望改變國、共兩黨長期對峙的局面。

原以為《獨立論壇》經費充裕，誰料他們要自籌經費，發行及撰稿全是義務，只在「自由民主大同盟」駱克道的一座房子中辦公，[87]經營困苦，卻仍要爭權奪利，甘家馨為免與胡越等三個年青人合作不來，決定不會聘用三人。後來，三人轉投自由出版社，向黃宇人介紹謝澄平，[88]尋求合作機會。然而，三人發現謝澄平操縱開支，所以在一九五一年四月五日，創立友聯出版社，比自由出版社更優秀，青出於藍，聲勢一時無兩。

（八）座談會的起落

謝澄平有美國撐腰，瞬間提升地位，地位雖不至於和顧孟餘、張發奎平起平坐，但是每逢星期四，便與顧孟餘、張國燾、何魯之及童冠賢，多在童冠賢家中舉行座談會，商討反共大計，不久與張國燾組成一個「指導委員會」（Steering Committee），顧孟餘改譯為「調度委員會」，就是美國駐港總領事館政治部主任與支持民主反共的人，策劃行動，聯合反共。[89]

謝澄平為了結合出版業務的發展，於是加強組織，與張國燾、黃宇人、程思遠、董時

86／前引黃宇人《我的小故事》（下冊），頁126-128。

87／前引焦大耶〈第三百六十一行買賣〉，《新聞天地》（第295期），頁12。

88／前引黃宇人《我的小故事》（下冊），頁127-128。

89／同上，頁129-131。

進、伍藻池、黃如今、羅夢冊、史澤之，舉行一個定期的九人座談會，稱為「民主中國座談會」，[90]多在黃宇人家舉行，成為自由出版社以外的團體，目的是推廣自由出版社的工作，擴大謝澄平的影響力，使各界了解到謝澄平的工作。

當時，「第三勢力」大大小小的座談會不下數十個，在「民主中國座談會」之前，有彭昭賢、宣鐵吾為首的「十人團」。「十人團」在丁文淵家裡舉行，參加者還有張國燾、左舜生、孫寶剛等，座談會舉行超過半年，但座談會綱領一直沒有定案，以致「十人團」最後一次會議只有二、三人出席，丁文淵又拖欠八百元房租，所以「十人團」只好結束[91]。

座談終歸是座談，而不是實務，沒有多大成效，司馬璐是其中一位參與者，指出「每一個座談會的過程大抵都是千遍（篇）一律，開始大家情緒熱烈，最後無疾而終。」再者，司馬璐批評座談會沒有討論重點，以致人們應酬捧場幾次之後，座談會便接近瓦解了。[92]司馬璐一針見血之論，值得參考，顯示不少「第三勢力」座談會既不能對內團結，也不能對外宣傳，更重要的是欠缺實務，自然以失敗告終。

由於每一個座談會的話題相近，不外乎說說自己怎樣反共、有何大計等等，第一次討論時，人們往往興高采烈，可是日子一久，座談會便越來越少人參與，而且出席人士相近，張國燾便是其中一人，使其他參與人士興趣漸減，座談會亦煙消雲散了。加上「張、顧聯盟」組成後，拉攏張國燾參與其中，擔任《中國之聲》社長。[93] 張國燾為了提高個人聲望，便退出「民主中國座談會」，使座談會的聲勢大不如前，最後黯然落幕。

90／胡志偉指出李璜曾參與其中，坊間鮮有提及這個說法。除非是黃宇人記述錯誤，或是李璜偶爾出席，否則九人座談會應是事實，因為九人名字都列入上文之中。參閱前引張發奎口述、夏蓮瑛訪談及記錄《張發奎口述自傳》，頁 402。

91／前引陳運周〈從香港看「第三勢力」〉，頁 6。

92／司馬璐〈一年來民主運動的檢討〉，《自由陣綫》（3 卷 6 期），1950 年 12 月 1 日，頁 19。

93／容需量〈張發奎將軍色盲〉，《新聞天地》（第 223 期），1952 年 5 月 24 日，頁 6-7。

「第三勢力」成員各自為政，雖促成一份份報刊迅速興起，卻釀成一份份報刊黯然沒落，可謂咎由自取。其實，「第三勢力」報刊如能團結一致，座談會的內容又能在報刊發表，雙方互相配合之下，定能集思廣益，加強組織，效果定會事半功倍。

第三節　初試啼聲：政治組織漸見雛形

（一）張發奎的起點

一九五〇年，張發奎丟棄國民黨黨員重新登記的表格，下定決心，發展「第三勢力」。同年三月一日，蔣介石復行視事，復任總統一職。李宗仁時在美國，聲稱張發奎率領數十萬軍隊，在華南打游擊，使身在香港的張發奎，立刻否認此事，[94]以免被港府驅逐出境。再從事實而論，如果張發奎有數十萬軍隊，隨時可以領導群雄，又何須打游擊呢？

直至一九五一年初，中情局代表哈德門（Hartmaun）帶著香雅各的信件抵港，與張發奎會面，聲稱菲律賓有一個小島，原是海軍基地，那裡有房屋及設備，足以容納數千人，建立「第三勢力」的軍隊。張發奎提交一份計劃書，內容大致是籌組「第三勢力」的架構，並希望美國支援「第三勢力」的軍事發展。於是，中情局在情報經費中，每月以現金一萬美元，資助張發奎，由顧孟餘代理款項。[95]美國雖然支持「第三勢力」的發展，但是蕭泰志支持蔡文治及自由出版社，哈德門則支持「張、顧聯盟」，以致「第三勢力」政出多門。

張發奎不懂英文，所以聘請兩位翻譯，但都懷疑對方洩密，其中一位翻譯是童季齡。有一次，顧孟餘也在場，發現張發奎的說話，與童季齡所翻譯的截然不同，因而大感詫異，暫停與外國人商談，後來發現童季齡在韓戰爆發後，經中共轉派抵港，擔任翻譯。其後，張發奎透過顧孟餘介紹，認識陳伯莊；再經陳伯莊介紹，認識李微塵，知道李微塵中英文了得，所以找李微塵擔任翻譯，使李微塵日後走訪張發奎在藍塘道的居所。[96]

自此以後，李微塵彷彿成為張發奎的得力助手，與謝澄平開始疏遠，亦多聯絡張國燾、彭昭賢、上官雲相等人，反映李微塵憑藉張發奎的信任，地位開始提升，成為「第三勢力」

的重要人物。而彭昭賢和童季齡，令國、共兩黨對「第三勢力」的事情瞭如指掌，證明俗語說得好：「敵人是沒有禮拜天的。」

（二）許崇智的組織

「第三勢力」之中，除了「張、顧聯盟」之外，還有許崇智的組織。許崇智曾加入同盟會，參與孫中山的革命運動，是少數參與孫中山的革命，又參與「第三勢力」的人，地位尊崇，自然受到格外重視。一九四九年，上海淪陷前夕，許崇智流亡香港，支持丁文淵發行的《前途》。另一方面，在一九五〇年十一月，許崇智卻仍希望透過參與韓戰，力圖

94／焦大耶〈第三百六十一行買賣〉，《新聞天地》（第 297 期），1953 年 10 月 24 日，頁 16。
95／前引程思遠《政海秘辛》，頁 235。
96／前引焦大耶〈第三百六十一行買賣〉，《新聞天地》（第 295 期），頁 12-13。

匡復民國政府。[97]可見許崇智徘徊在「第三勢力」和民國政府之間。

一九五〇年十二月，許崇智與童冠賢、彭昭賢、張國燾、宣鐵吾、上官雲相、梁寒操、方覺慧、張任民、伍憲子、伍藻池、王厚生、金侯城、左舜生、趙斌等人組成的「中國民主反共同盟」，在許崇智之家集會，[98]同盟以爭取國家獨立、民族平等、保障人權、實踐民主政治等為宗旨，[99]反映許崇智最終選擇支持「第三勢力」。

漢元曾稱：「……梁寒操先生也完全不預聞第三勢力事。……他和張發奎、陳濟棠、許崇智、左舜生等人甚至甚少往來。」[100]漢元，原名馬漢嶽，又名馬彬，以南宮搏的筆名為人所熟悉，與梁寒操相熟，甚為了解梁寒操的往事。然而，梁寒操的確與許崇智會面，漢元卻指梁寒操與許崇智「甚少往來」，非常矛盾。所以筆者翻查其他資料，發現在一九五一年五月十九日，許崇智又在梁寒操家裡約見左舜生、彭昭賢、方覺慧等人，足以反映梁寒操與許崇智「往來甚密」，[101]與漢元所說有出入。

然而，許崇智生活並不檢點，而且不擅外交，竟在石塘咀的妓女寓所，與溫應星、劉震寰、金典戎、毛以亨、李微塵等，討論「第三勢力」事宜，而且計劃不周，言談浮誇，不切實際，一面大談政見，一面抱著女人，[102]以致許崇智醜態畢露，組織力銳減，令參與者知難而退，多投向「張、顧聯盟」。其後的「太平洋政論會」、「中國自由民主戰鬥同盟」

97／國史館藏：《蔣中正總統文物》，〈中央報告（二）〉，入藏登錄號：002000000963A，典藏號：002-080101-00029-007。

98／〈據報中國民主反共同盟最近集會情形〉，《總裁批簽》，台（40）改秘室字第 0124 號張其昀、唐縱呈，1951 年 3 月 23 日，中國國民黨文化傳播委員會黨史館藏。

99／〈中國民主反共同盟總部組織章程草案及政治綱領草案〉，《總裁批簽》，台（40）改秘室字第 0113 號張其昀、唐縱呈，1951 年 3 月 14 日，中國國民黨文化傳播委員會黨史館藏。

100／前引漢元《香港的最後一程》，頁 235。

101／國史館藏：《蔣中正總統文物》，〈一般資料——民國四十年（三）〉，入藏登錄號：002000001735A，典藏號：002-080200-00346-028。

102／前引雷震《雷震日記》（33），頁 31。

等，許崇智都曾參與其中，但已失去「第三勢力」的領導地位，所以黃宇人認為許崇智「祇有空想，毫無辦法，也無幹部」，[103]李璜甚至指出如果許崇智參與「第三勢力」，就決不參與其中，[104]便可知道許崇智不受歡迎的程度。

不久，李微塵好像看穿了張發奎的心意，因為許崇智曾是張發奎的長官，所以張發奎不敢公然作對，卻不希望受制於許崇智。李微塵便拉攏伍憲子、上官雲相、彭昭賢及宣鐵吾到「張、顧聯盟」，令許崇智的組織自然解體，[105]使「張、顧聯盟」在「第三勢力」的政治圈子中，獨佔鰲頭。

較早之前，在一九五一年二月十二日，張發奎與顧孟餘會談，構思「第三勢力」的發展方向，張發奎反映與香港雅各談話的內容，引起顧孟餘的注意，顧孟餘指出「許崇智不能守秘密」，[106]張發奎對許崇智也沒有好感，原因是張發奎與許崇智曾經因為是否接受美國資助，展開激辯，張發奎本著國家民族的立場，不會輕易接受美國資助，許崇智則以實用主義的觀點，表示反對，認為美國人願意資助，沒有理由不接受，[107]反映二人的觀點大相逕庭。直至「中國自由民主戰鬥同盟」組成前夕，張、許二人才冰釋前嫌。

103／前引黃宇人《我的小故事》（下冊），頁131。
104／前引張發奎口述、夏蓮瑛訪談及記錄《張發奎口述自傳》，頁373。
105／前引黃宇人《我的小故事》（下冊），頁132。
106／前引程思遠《政海秘辛》，頁235。
107／前引張發奎口述、夏蓮瑛訪談及記錄《張發奎口述自傳》，頁372-373。

第四節

虛張聲勢：軍事勢力群龍無首

（一）荊磐石的組織

「第三勢力」軍事組織不是只有蔡文治一方發展，一九五一年初，荊磐石組成「大中國建國會」，與溫應星、晏陽初、李大明聯絡國務院官員賀克森（Huckson），希望援助中國大陸的游擊隊，且獲批准。[108]另外，劉蔚如、李序中等人則身處香港，負責聯絡，[109]期望以最接近中國大陸的地區，取得最重要的資料。後來，荊磐石籌組「華南反共救國軍政治委員會」，以許崇智為主委兼總司令，張發奎、上官雲相為副，期望一舉功成。[110]

然而，荊磐石無論在名氣上，還是在權力上，都遠遠不及李宗仁、張發奎、蔡文治等人，號召力明顯不足。再者，從組織上而言，由許崇智為領導，張發奎等人作副手，組織安排定必惹起非議，張發奎已成一方之雄，竟然要成為副手；下屬會否聽命於許崇智，也是另一疑問。由此可見，不論是蔡文治，還是荊磐石，只要是當時自稱領導成千上萬游擊隊的人，多是自欺欺人。

（二）西點軍校學生

上述值得一提的軍事人才不是荊磐石，而是溫應星。一九〇五年，溫應星入讀「西點

108／前引程思遠《政海秘辛》，頁 235。

109／前引張發奎口述、夏蓮瑛訪談及記錄《張發奎口述自傳》，頁 372-373。

110／〈據報荊磐石自美函告策劃第三勢力聯合組織及美方聯絡活動情形〉，《總裁批簽》，台（40）改秘室字第 0241 號張其昀、唐縱呈，1951 年 6 月 4 日，中國國民黨文化傳播委員會黨史館藏。

軍校」，一九〇九年成為首兩位中國畢業生之一（另一位是陳廷甲），與巴頓將軍（George Smith Patton）同期，後獲馬歇爾賞識，[111]所以在國共內戰後期到達香港，一九四九年十月便到美國定居，擔任中國駐聯合國軍事代表團的工作，後因任命混淆，外交部指定他為代表團團長，國防部則稱他為陸軍代表，溫應星便辭任一切職務，加入「第三勢力」，向美國游說，組織「華南反共救國軍政治委員會」，希望以許崇智擔任主委兼總司令，並以張發奎、上官雲相為副總司令。由於美國意識到許崇智言過其實，所以不予支持。一九五二年八月十八日，雖然張君勱及溫應星與馬歇爾會面，尋求馬歇爾支持，馬歇爾卻表示總統選期臨近，美國不會處理與大選無關的事情，使溫應星失望而回。[112]

回顧西點軍校的歷史，西點軍校全名是美國陸軍官校（United States Military Academy），由於軍校位於紐約西點（West Point），所以稱為「西點軍校」，建於一八〇二年，歷史悠久，訓練嚴格，分學業、領導能力、體能三方面考核，而且入讀年齡只限十七至二十二歲，只有八個中國人考進其中。[113]八個中國人裡，其中兩個曾經加入「第三勢力」，一位是溫應星，另一位則是王之。[114]

王之在清華大學體育主任曹霖生（「西點軍校」一九一八年畢業生）的鼓勵下，入讀「西點軍校」，在二百六十二位學生之中，名列十二，[115]可謂名列前茅。與此同時，同是「西點軍校」畢業生的麥克阿瑟（一九〇三年畢業），正擔任「西點軍校」校長一職（一九一八至一九二二），對王之倍加重視。國共內戰後期，王之擔任總統府參軍，並隨李宗仁遠赴

111／鄭雪玉〈西點軍校的八位中國畢業生〉，《傳記文學》（76卷6期），台北：2000年6月，頁22。
112／〈張君勱最近在美活動情形〉，《總裁批簽》，台（41）改秘室字第0420號張其昀、唐縱呈，1952年10月2日，中國國民黨文化傳播委員會黨史館藏。
113／何振亞指蔡文治在西點軍校畢業。然而，筆者翻查資料，蔡文治不在名單之上。胡春惠教授曾向筆者指出，當年中國學生考入西點軍校，殊不容易，所以西點軍校的中國學生寥寥可數。參閱前引盧瑋鑾、熊志琴《香港文化眾聲道》（第一冊），頁34。
114／前引鄭雪玉〈西點軍校的八位中國畢業生〉，頁21。
115／同上，頁26-27。

美國，為李宗仁聯絡美國軍人，[116]後來參與「第三勢力」，成為蔡文治轄下一員。

可見「第三勢力」的軍事網絡，除了蔡文治統領的「自由中國運動」外，還有荊磐石、王之、溫應星等人物參與，亦可見美國不是單靠一、兩個人物，而是聯絡不同人物，力圖發展，反映美國並非完全信任每一個人。「第三勢力」的軍事雖有多人參與，卻造成各自為政，群龍無首的結果。

116／徐霏〈王之〉，《新聞天地》（第95期），1949年12月10日，頁6。

第五節

外交角力：各門各派爭奪資源

（一）美國政府介入

民國政府從彭昭賢的報告中，獲取「第三勢力」的消息，經過一番思考後，決定從外交層面入手，介入美國與「第三勢力」事宜。一九五一年四月下旬，杭立武已希望與美國遠東事務助理國務卿魯斯克（Dean Rusk）會面，奈何魯斯克有病在身，延遲會面。[117]直至五月九日，杭立武終與魯斯克會面，魯斯克問杭立武：「為何中國自由分子不能聯合起來？」似在暗示民國政府應該聯絡不同派別人士反共。然而，杭立武指出人民生活在水深火熱之中，當今急務是反共，最有效的方法是擁護蔣介石，令魯斯克感到失望。然而，坊間有兩個說法，一是杭立武對王世杰堅稱，美國已無意扶植「第三勢力」，[118]二是杭立武對顧維鈞指出，魯斯克沒有放棄發展「第三勢力」的念頭。[119]兩話都是出自杭立武，卻有矛盾。

一九五一年四月，美國國務院派柯克（Cooke）、哈德門等三人到香港，與張發奎、顧孟餘、許崇智在淺水灣接洽。哈德門自稱是「美國人民之代表」[120]，希望香港成為政治作戰之地，為「第三勢力」成立「反共抗俄各黨派之聯合陣綫」，又成立籌備會，推舉常務委員五人（張發奎、顧孟餘、張君勱、左舜生、另一人尚未決定），顯然是要孤立許崇智，後因左舜生堅拒參加，以致作罷。美國在菲律賓總統同意下，為「第三勢力」在菲律賓訓練軍隊，在華南及西南一帶打游擊，[121]顯然與杭立武說法不符。

顧孟餘分別在五月十一日及六月二日，召集「第三勢力」人士，務求團結一致，反國反共。張發奎則成立一個執行委員會，以顧孟餘、張國燾、張君勱、童冠賢、李微塵、伍憲子、伍藻池、左舜生、黃旭初、甘家馨、任國榮、周天賢、黃如今擔任中央委員，合共十三人。[122]「張、顧聯盟」又設常務委員會，以張發奎、顧孟餘及伍憲子擔任常務委員，三人自稱「山君」（「三君」諧音），並以李微塵任秘書長，負責翻譯，以便與美國聯絡，加上童冠賢的協助，每星期在張發奎住所與美國人會面一至兩次，[123]作為「第三勢力」的溝通橋樑，所有會議紀錄保留在張發奎家裡，原因是張發奎幫助英國收回香港，所以警察不會硬闖張發奎之家，但是張發奎的電話早已被竊聽，導致機密外洩。

117／前引顧維鈞《顧維鈞回憶錄》（八），頁394-396。
118／國史館藏：《蔣中正總統文物》，〈對美國外交（九）〉，入藏登錄號：002000001254A，典藏號：002-080106-00031-013。
119／前引顧維鈞《顧維鈞回憶錄》（八），頁398。
120／前引焦大耶〈第三百六十一行買賣〉，《新聞天地》（第295期），頁12。
121／前引國史館藏：入藏登錄號：002000001735A，典藏號：002-080200-00346-028。
122／黃宇人忘記了多個參與者，本文在此補上。參閱前引黃宇人《我的小故事》（下冊），頁132。
123／同上，頁135。

如上所述，五月九日，杭立武與魯斯克會面，翌日便通知王世杰，美國不會扶植「第三勢力」。可是，相隔兩天，亦即五月十一日，「第三勢力」在美國資助下，舉行會議，構思發展大計，好像是狠狠地掌摑了杭立武一巴。

（二）二十五人名單

「張、顧聯盟」之中，每個執行委員月薪一千二百元，張發奎、顧孟餘及伍憲子則分文不取。在執行委員會之下，細分不同部門，每部設一個部長，各個部長月薪六百元，副部長四百元，如〈表四〉。

據〈表四〉人物分析，黃如今及任國榮都是大

表四：「第三勢力」部門及部長[124]

姓名	職位
組織部	任國榮
財政部	鄒安眾
政治部	周天賢
軍事部	鄧龍光
宣傳部	黃如今
華僑事務部	韓漢藩

專院校教師，教育水平較高。再者，在「第三勢力」中，約有三百個來自不同階層的支持者：教師、大專生、軍人、工人、商人……以前兩者為主要，組織小組，每組設一個組長，全屬義務。[125]

可是，「張、顧聯盟」的十三人始終太少，加上張君勱不在香港，黃旭初及左舜生為了避嫌，

124／前引張發奎口述、夏蓮瑛訪談及記錄《張發奎口述自傳》，頁377。

125／同上。

126／〈關於許崇智、張發奎等之民主反共同盟最近活動情形〉，《總裁批簽》，台（40）改秘室字第0209號張其昀、唐縱呈，1951年5月21日，中國國民黨文化傳播委員會黨史館藏。

表五：「二十五人名單」黨派分佈[126]

原屬黨派	人物
國民黨	張發奎、顧孟餘、童冠賢、許崇智、上官雲相、彭昭賢、宣鐵吾、張純明、張國燾、何義均、黃宇人、黃如今、甘家馨、黃旭初、徐啟明、周天賢
青年黨	李璜、左舜生、謝澄平、何魯之
民社黨	張君勱、伍憲子、伍藻池、王厚生、李微塵

暫不出席，開會人數時有不足。為了避免在席次上再起衝突，於是「張、顧聯盟」決定增加人手，將十三人的執行委員會，擴大成「二十五人名單」，或稱為「二十五人集團」，名單詳列如〈表五〉。

據原屬黨派上分析，〈表五〉二十五人都曾加入政黨：國民黨、青年黨及民社黨，國民黨佔十六人，青年黨佔四人，民社黨佔五人，三黨席次分配的百分比如〈圖二〉。

按上述三黨席次分佈，可見國民黨仍佔大多數，民社黨次之，青年黨最少。即使「二十五人名單」以投票方式選出，國民黨席次仍佔大多數，但是程思遠、涂公遂、尹述賢等國民黨黨員未能列名其中，

圖二：「二十五人名單」席次分佈

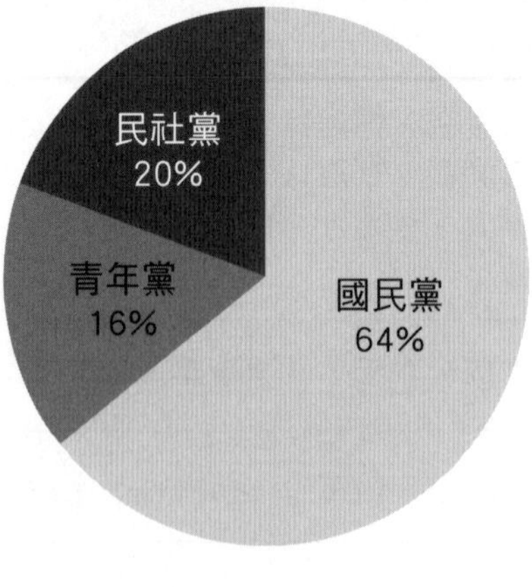

地位成疑。

原以為張發奎、許崇智不和後，許崇智不會加入「張、顧聯盟」，但在五月十九日，許崇智召集左舜生、方覺慧、彭昭賢等，到梁寒操之家商議，雖然不同意加入「張、顧聯盟」，但最後都被列名其中。[127]原因是張發奎及顧孟餘在美方的勸導下，勉強加入許崇智的名字，卻不邀請許崇智參與首次聚會。正因如此，許崇智有很大離心，後來決不參與「二十五人名單」。

在民社黨及青年黨而言，張君勱長期居於海外，亦已辭任民社黨主席一職，未能領導群雄。青年黨唯獨是謝澄平有力一爭，每月領取兩萬美元，資金尚豐，後來謝澄平卻被青

127／前引國史館藏：入藏登錄號：002000001735A，典藏號：002-080200-00346-028。

年黨開除。[128]至於青年黨高層，左舜生與李璜不睦，李璜又指左舜生多話，不能守秘密，青年黨可由李璜一人代表，引發《自由陣綫》刊登啟事：「近有李X者以黨派立場自稱領袖，並假借本社名義，在外多方招搖，深恐外界受其欺騙，特此鄭重聲明」，[129]而何魯之鮮有過問政治，謝澄平亦不敢奪前輩之美，自然身分尷尬，所以缺席「第三勢力」的會議，後來更退出「二十五人名單」，原因是向顧孟餘開出條件，要求擔任秘書長。顧孟餘以不接受苛索為由，明言拒絕，並通知張發奎，[130]使謝澄平轉與許崇智及蔡文治合作。

表六：「二十五人名單」具體工作[133]

工作	內容
中學及大學	收容香港及澳門流亡青年，培訓成為基本幹部
研究所	收容大陸逃亡海外的教育文化人士，研究登陸後各項政治、經濟及社會問題
訓練基地	美國正籌備馬尼拉訓練基地，房屋可容納五千人（包括眷屬），基地亦可興辦不同事業，自給自足
訓練班	訓練軍事及政治幹部，培訓軍事技術人員（例如：電訊、間諜、救護等）
報紙	在香港辦報，遠銷菲律賓及南洋，向海外僑胞宣傳

五月十一日，「二十五人名單」的籌備會只有十六人出席[131]，最後只能改成談話會。美國曾派員到香港，調停張發奎及許崇智的關係，但是調停無效。後來，美國發現許崇智沒有號召力，所以決心支持「張、顧聯盟」，[132]許崇智便淪為「二十五人名單」的其中一員，後來獨立發展。「二十五人名單」以下的工作眾多，茲列如〈表六〉。

128／〈「自由陣綫」是自由中國人的聯合陣綫〉，《自由陣綫》（8卷1期），1951年12月7日，頁5。
129／〈《自由陣綫》、自由出版社啟事〉，《自由陣綫》（5卷5期），1951年4月27日，頁20。
130／前引張發奎口述、夏蓮瑛訪談及記錄《張發奎口述自傳》，頁376。
131／焦大耶稱有十九人出席，但筆者翻查檔案，當日有九人缺席，包括：張君勱、許崇智、徐啟明、伍憲子、周天賢、李璜、左舜生、何魯之及謝澄平，所以只有十六人出席。參閱〈據報港澳最近政治活動情形〉，《總裁批簽》，台（40）改秘室字第0272號張其昀、唐縱呈，中國國民黨文化傳播委員會黨史館藏、前引焦大耶〈第三百六十一行買賣〉，《新聞天地》（第296期），頁10。
132／前引國史館藏：典藏號：002-080200-00346-028，入藏登錄號：002000001735A。
133／同上。
134／前引黃宇人《我的小故事》（下冊），頁138。

上述各項工作準備就緒後，調景嶺已有五百多人登記，籌備人員也有一百多人，分批到馬尼拉工作。黃宇人等也收到通知，填了兩張表格，貼上相片，準備到菲律賓。[134] 是次計劃連同家眷，所以「第三勢力」人士出頂房子、拍賣傢俬、寄人籬下者，為數不少，[135] 以示整裝待發，伺機行動的決心。後來，「第三勢力」曾派人查察菲律賓一地，發現小島在呂宋以南，甚為荒涼，現代設備貧乏，天氣炎熱，蚊叮蟲咬，使人卻步。[136]

除了菲律賓外，日本也是「二十五人名單」的選擇之一。由於手續尚未完備，所以張發奎、顧孟餘、童冠賢、黃宇人、羅夢冊、黃旭初、宣鐵吾、上官雲相等人沒有即時離開香港，「張、顧聯盟」海外運作幾近停頓。幾個月後，亦即一九五一年十月，上述人士只有黃旭初一人以商人身分，前往日本，其他人都尚未成行。[137]

坊間或許將一九五一年五月定案的「二十五人名單」，與一九五二年十月成立的「戰盟」，混為一談，如林孝庭稱「一九五二年初夏，『戰盟』的『軍事部長』鄧龍光……」、「一九五一年五月間……當時『戰盟』內部二十五人所組成的委員會之中……」、「一九五一年六月間……當時已有百餘位『戰盟』成員……」[138]，就是其中例子。原因是兩個組織都由二十五人組成，容易使人張冠李戴，但是成立時間不同，參與人物也不盡相同，讀者宜多注意。

（三）日本與「第三勢力」

黃旭初先與在東京盟總任職的陳中孚聯絡，並組成「中國復國運動同盟」，九個委員包括：黃旭初、夏威、張任民、呂競存、黃華表、徐啟明、程思遠、徐鯁生、黃中廑，先

135／前引焦大耶〈第三百六十一行買賣〉，《新聞天地》（第296期），頁11。
136／同上，頁12。
137／〈在港第三方面政治活動份子近擬赴日情形〉，《總裁批簽》，台（40）改秘室字第0509號張其昀、唐縱呈，1951年11月2日，中國國民黨文化傳播委員會黨史館藏。
138／前引林孝庭《台海冷戰解密檔案》，頁90、92、96。

求內部團結，進而聯合張發奎、許崇智、民社黨及青年黨，希望擴大組織，爭取日本朝野支持。然而，黃旭初到日本超過一個月，卻無甚進展，即使李宗仁曾致函鳩山一郎，鳩山也未曾接見黃旭初。[139]可見黃旭初到了日本後，絕不足以影響大局。

黃旭初等人為求提升地位，所以在日本出版《民主勢力》月刊，由李宗仁題署封面，於九五一年十二月一日發行，以中、日兩種語言出版，〈發刊詞〉稱民國政府是「家天下」，不要人民；中共則是「黨天下」，鞭撻人民，兩者把持中國兩大勢力，與民主政治背道而馳。《民主勢力》自稱「第三勢力」，提倡實行民主政治，使人民享有政治地位，批評「家天下」及「黨天下」的謬誤，亦即批評獨裁及極權政治，[140]提倡民主政治，實踐政治理想。

黃旭初化名邱同，與李宗仁代表何益之（化名李弘）及陳中孚積極活動，且與韓雲階（滿洲國經濟部大臣）、趙毓松（汪精衛政府考試院銓敘部部長）及楊仲華（汪精衛政府第一方面軍司令官）、台灣獨立黨的廖文毅及藍國城，希望組織「中國民主大同盟」，[141]加強合作。

「二十五人名單」除了黃旭初有離心外，還有許崇智希望獨立發展。許崇智組成「中華自治同盟委員會」，並自任委員長，曾在汪精衛政府工作的任援道、鮑文樾、汪嘯崖等，都是其中成員，與美國聯邦調查局（Federal Bureau of Investigation，簡稱 FBI）駐日聯絡組聯繫，美方曾經在港招收青年幹部，送人到菲律賓及日本受訓。組織設行政及軍事委員會，分別由許、任二人負責，[142]但是後來許崇智不獲支持，以致組織解散。

139／前引〈在港第三方面政治活動份子近擬赴日情形〉，《總裁批簽》。
140／〈黃旭初近在東京以李宗仁之名義發行「民主勢力」月刊誣蔑我政府情形〉，《總裁批簽》，台（40）改秘室字第 0580 號張其昀、唐縱呈，1951 年 12 月 4 日，中國國民黨文化傳播委員會黨史館藏。
141／〈黃旭初在日活動近情〉，《總裁批簽》，台（40）改秘室字第 0597 號張其昀、唐縱呈，1951 年 12 月 14 日，中國國民黨文化傳播委員會黨史館藏。
142／前引〈在港第三方面政治活動份子近擬赴日情形〉，《總裁批簽》。

上文提及的李宗仁，一直希望捲土重來，並以美國及日本為發展重心，成立「中國民主大同盟」，以陳中孚（汪精衛政府華北政務委員會外交委員會委員）擴大組織，籌措資金，積極拉攏日本財政界的幕後人物一久原房之助，資助其中發展。其中組織尚有其他華人，包括：韓雲階、趙毓松、楊仲華、鄒平凡（汪精衛政府漢口營備司令）、曹若山（梁漱溟之鄉村建設協會派），還有日本人和知鷹（前日軍華南特務機關長）、山田純三郎、古閑仁夫等。[143]可見李宗仁漸與汪精衛政府人物靠攏，與許崇智的做法相近。可是，他們要求合作，不代表日本一定要跟他們合作，所以最後功虧一簣。

143／〈第三方面在日活動近情〉，《總裁批簽》，台（40）改秘室字第0471號張其昀、唐縱呈，1951年10月13日，中國國民黨文化傳播委員會黨史館藏。

第六節

曇花一現：戰盟的冒起與失敗

（一）伍憲子遭分化

「第三勢力」已有全盤計劃，希望前往菲律賓發展。民國政府自然不會坐以待斃，有見及此，便放下敵對態度，改以分化手段，試圖瓦解「第三勢力」。筆者翻查檔案，發現在六月下旬，民國政府情報人士指出伍憲子「頗具地位」、「尚識大體」，所以希望蔣介石「妥為運用」。[144] 七月七至九日，經王世杰及張群同意後，民國政府便開始籌劃對策。[145] 整個過程中，民國政府不希望打草驚蛇，所以低調部署，首先以「雙十國慶」為由，邀請伍憲子到台灣參與慶典，伍憲子亦開始撰寫「第三勢力」概況報告，以便帶到台灣。[146] 事前，民國政府希望伍憲子保守秘密，伍憲子當然樂於答應，以免「第三勢力」獲悉此事。

九月下旬，伍憲子聲稱到澳門一星期，回鄉掃墓，實際是前往台灣。後來，民國政府眼看時機一到，便介紹伍憲子與美國大使館人員見面，[147] 亦即等於公開伍憲子的行程，使伍憲子行程曝光，於是民國政府向美國抗議，指出美國支持國民黨執政，卻與「第三勢力」人士會面，伍憲子方知中計，成為分化手段的「棋子」，有口難言，因為美國已將此事通知張發奎，張發奎始知被伍憲子蒙在鼓裡，深感憤怒，「第三勢力」便開除伍憲子。

「第三勢力」一向與國民黨水火不容，對於伍憲子一事，自然感到不滿，認為這是分化「第三勢力」的手段，所以李微塵在《中國之聲》痛斥「蔣先生（介石）個人獨裁的政權是今日中國的毒瘤」[148]。可見民國政府與「第三勢力」的鬥爭，由過往的「口水戰」，演變為「分化術」。

自此以後，原是「山君」之一的伍憲子，席位被張君勱取而代之。一九五二年三月，張君勱抵港，也沒有與伍憲子會面，使伍憲子訪台一事，成為「第三勢力」人物的夢魘，人人避之則吉。[149]至於美國一方，了解民國政府計劃後，便調回哈德門，加以訓斥。菲律賓基地的計劃，原已萬事俱備，「第三勢力」隨時可以動身，最後卻胎死腹中，也是伍憲子訪台一事所致。一九五二年初，哈德門對張發奎及顧孟餘發牢騷：「你們說沒有錢不好辦事，但有了錢又鬧糾紛！」[150]哈德門一話，正道出「第三勢力」一大缺點。

144／〈與伍憲子聯絡經過〉，《總裁批簽》，台（40）改秘室字第0276號張其昀、唐縱呈，1951年6月29日，中國國民黨文化傳播委員會黨史館藏。
145／〈王秘書長及張資政對於伍憲子一事意見〉，《總裁批簽》，台（40）改秘室字第0293號張其昀、唐縱呈，1951年7月10日，中國國民黨文化傳播委員會黨史館藏。
146／前引〈伍憲子最近動態等情報〉，《總裁批簽》。
147／前引張發奎口述、夏蓮瑛訪談及記錄《張發奎口述自傳》，頁377。
148／〈我們對台灣的態度〉，《中國之聲》（1卷6期），1951年11月15日，頁3。
149／焦大耶〈第三百六十一行買賣〉，《新聞天地》（第298期），1953年10月31日，頁10。
150／前引程思遠《政海秘辛》，頁238。

直至一九五二年四月，伍憲子撰寫親筆信，答謝蔣介石經唐縱轉贈的五千美元，並答應以後如有重要消息，一概經由唐縱轉達。[151]此外，伍憲子原已獲赴美護照，後來美國恐怕伍憲子赴美後，不再返港，所以不發簽證，即使有民國政府外交部協助，伍憲子的申請也不受理。[152]可見伍憲子到台灣一事，令「第三勢力」元氣大傷。

（二）張君勱到香港

一九五二年三月二十三日，張君勱抵港，為「第三勢力」籌組「中國自由民主戰鬥同盟」，但是暫不露面，居於妹妹張幼儀在跑馬地之家，以免被警方傳召問話，離港前才與張發奎、顧孟餘會面。期間，張君勱為「戰盟」起草宣言，張國燾草擬生活公約，童冠賢及李微塵則撰寫組織綱要，分工合作。[153]然而，張君勱來港一事，港府早已知情，只要調查入境紀錄便一清二楚。警務處政治部發出傳票，要求張君勱應訊，可是發出了三次傳票，張君勱亦不理會，警務處便到張幼儀之家搜查。幸而，張君勱已在當天早上離港。[154]

張君勱抵港期間，除了與張發奎及顧孟餘會面外，又與民社黨人毛以亨、金侯城、伍藻池及李微塵會面，張、顧二人希望到日本，毛、金等民社黨人希望到美國，原因是要結合華盛頓、東京及香港三地力量，互相呼應。[155]然而，張君勱必然了解「第三勢力」分崩離析的情況，卻沒有當機立斷，化解分歧，以致「第三勢力」積怨日深。

151／〈周錦朝答伍憲子問各項政治問題〉，《總裁批簽》，台（41）改秘室字第 0216 號張其昀、唐縱呈，1952 年 5 月 14 日，中國國民黨文化傳播委員會黨史館藏。

152／〈伍憲子赴美之行尚未獲准簽證〉，《總裁批簽》，台（41）改秘室字第 0312 號張其昀、唐縱呈，1952 年 7 月 28 日，中國國民黨文化傳播委員會黨史館藏。

153／楊天石《海外訪史錄》，北京：社會科學文獻出版社，1998 年，頁 668。

154／前引張發奎口述、夏蓮瑛訪談及記錄《張發奎口述自傳》，頁 378。

155／〈張君勱秘密抵港後之行動及各方反應情形〉，《總裁批簽》，台（41）改秘室字第 0178 號張其昀、唐縱呈，1952 年 4 月 15 日，中國國民黨文化傳播委員會黨史館藏。

（三）「戰盟」籌組經過

張君勱為「戰盟」多番奔走，在美國司法部登記，猶如「戰盟」成立前的外交代表，又游說胡適參與「第三勢力」。可是，胡適認為當時只有共產國際的勢力及反共勢力，並無「第三勢力」，而香港的「第三勢力」只能在美國討一把「小米」（chicken feed），[156]使張君勱無功而還。

此外，張君勱向民憲黨代主席李大明（李微塵胞兄）、洪門致公總堂會長譚護招手，加入「第三勢力」，擴大力量。李大明不滿民國政府每年「反攻大陸」，用意只在於警覺人民；又不滿中共苛索人民財產，所以民憲黨與洪門致公堂聯合推動「討共復國」的行動。[157]張君勱在美國多作嘗試的貢獻，為擴大「第三勢力」的海外組織而努力。

「戰盟」成立前，港府意會到顧孟餘的政治活動日趨頻繁，政治部邀請顧孟餘會面，坐坐聊天，喝喝咖啡，談談政治，每每問及顧孟餘有沒有參與政治活動，有沒有與張發奎會面，顧孟餘都說沒有，但政治部的探子早已在顧孟餘的四周，一經報告上級後，政治部便知道顧孟餘一直說謊，所以再邀請顧孟餘會面，顧孟餘便沒有咖啡喝了，也沒有椅子坐了，站著答話，淪為犯人一樣的待遇，[158]便意識到英國的政治壓力，甚至被要求離開香港，使顧孟餘先隱居花墟道，與童冠賢同住，直至一九五二年五月，前往日本，遙控「第三勢力」的發展。[159]

五月中旬，甘家馨及李薦廷到了日本，透過丁廷標與美國駐日軍方聯絡，與美軍總部情報部及美國國務院駐日代表詹遜會面。二人到日本的目的，希望美國及日本援助「第三

156／胡適《胡適日記全集》（第八冊），台北：聯經，2004年，頁228。
157／李大明〈民憲黨與洪門發表聯合宣言〉，《自由陣綫》（13卷2期），1953年2月6日，頁10。
158／前引焦大耶〈第三百六十一行買賣〉，《新聞天地》（第298期），頁10。
159／前引黃宇人《我的小故事》（下冊），頁140。

勢力」。可惜詹遜只希望僑港民主人士能到東京一談。六月八日，甘、李二人返港，向張發奎、李璜等人反映詹遜意願，三人都有意與詹遜會面，建立關係，爭取美國支持，[160]卻又未能成事，失去日後「戰盟」與美國及日本聯繫的機會。

（四）「戰盟」初期發展

一九五二年十月十日，「中國自由民主戰鬥同盟」宣告成立。與此同時，國民黨在台北舉行「七全大會」。在「雙十節」成立的「戰盟」，強調自由民主的重要，用意在於和國民黨一較高下，又與中共爭奪領導地位。據「戰盟」宣言所指，二十世紀是自由、民主、文明進步的新時代，所以「戰盟」要竭盡所能，挑戰背逆時代潮流的蘇聯及中共，以保障各種自由，爭取國家獨立，民族平等。[161]是「戰盟」的組織及人物分佈如〈表七〉。

「戰盟」內部有七人決策委員會，七人包括：張發奎、顧孟餘、張君勱、張國燾、李微塵、童冠賢及宣鐵吾，除了張君勱在美國，顧孟餘在日本外，其他五人都在香港執掌要務。如須決策，由金侯城代表張君勱，甘家馨代表顧孟餘出席，[163]所以投票人數維持不變，都是由七個人投票決定。

此外，「戰盟」由甘家馨主持秘書處，任國榮主持組織組，韓漢藩主持僑務組，鄧龍光主持軍事組，希望在一年之內，擴大組織，增加基本盟員至一千人，所以延攬工人、青年等不同階層人士，[164]爭取支持。

160／〈張發奎顧孟餘李璜等赴日活動情形〉，《總裁批簽》，台（41）改秘室字第 0304 號張其昀、唐縱呈，1952 年 7 月 21 日，中國國民黨文化傳播委員會黨史館藏。

161／〈中國自由民主戰鬥同盟宣言〉，《中國之聲》（第 58 期），1952 年 11 月 17 日，頁 21-23。

162／司法行政部調查統計局第六組編《中國黨派資料輯要》（中冊），台北：出版社不詳，1962 年，頁 256。

163／〈「中國自由民主戰鬥同盟」在港九方面活動情況〉，《總裁批簽》，台（41）中秘室字第 0076 號張其昀、張炎元呈，1952 年 12 月 26 日，中國國民黨文化傳播委員會黨史館藏。

164／同上。

表七：「戰盟」職位與人物[162]

職位（人數）	人物
常務委員（五人）	張發奎、顧孟餘、張君勱、張國燾、許崇智
中央委員會委員（十五人）	張發奎、顧孟餘、張君勱、張國燾、許崇智、童冠賢、宣鐵吾、龔楚、蔡文治、謝澄平、劉震寰、黃旭初、程思遠、李微塵、李大明
中央軍事委員會委員長、副委員長	張發奎、蔡文治
中央政治委員會委員長	顧孟餘
秘書長	李微塵
中央文化宣傳委員會主席、副主席	張國燾、謝澄平
組織部部長、副部長	顧孟餘（兼任）、龔楚
青年部部長、副部長	黃宇人、彭昭賢
對外聯絡部部長、副部長	程思遠、梁友衡

「戰盟」其他成員包括：伍藻池、彭昭賢、黃宇人、尹述賢、周天賢、毛以亨、龔從民、羅永揚、劉裕略、張六師、孫寶毅、徐慶譽、王同榮、謝扶雅、黃如今、何正卓、邵鏡人、王孟鄰等，約有三百人，[165]與一千人的目標尚有距離。考究「戰盟」人物，除了伍憲子被剔出名單外，還有青年黨的左舜生、李璜及何魯之，都不參與其中，謝澄平又以個人身分加入，而且只能擔任中央文化宣傳委員會副主席，反映謝澄平收入雖多，卻不獲「戰盟」信任，也反映青年黨幾近退出「第三勢力」的核心。

「戰盟」成立後，張發奎深知「戰盟」軍事力量不足，單憑蔡文治的軍力，實不足以和兩岸對壘，於是準備前往沖繩，執行「中央軍事委員會委員長」的職務，卻被蔡文治以「反對軍閥張發奎」為口實，加以反對，令「戰盟」體制名存實亡。美方也曾希望以許崇智為

165／汪仲弘註釋〈台北舊書攤上發現的「總統府秘書長箋函稿」（二）〉，《傳記文學》（71卷4期），台北：1997年10月，頁45-46。

主席，成立政府，卻令「戰盟」以許崇智老邁無能為由反對，[166]令「戰盟」不和。

張發奎憑藉以往的人脈關係，積極擴大「戰盟」的軍事組織。十二月五日，張發奎在周燕賓的元朗別墅，舉行酒會，宴請衛立煌、牟廷芳、侯鏡如、余程萬、胡家驥、黃秉衡等人，指出如要返回大陸，必須反共，反共必須有組織、有領導。此外，張發奎又通過余程萬，邀約黃埔軍校畢業生赴宴。考究獲邀人士的身分，都是師長或以上官階，包括：彭鍔、牟廷芳、王中柱、謝錚、胡京、關麟徵、張際鵬、劉樹勛等三十多人。期間，張發奎希望他們能夠加入「戰盟」，余程萬則要求軍權由黃埔軍校同學執掌，[167]卻沒有達成協議。

一九五二年十二月底，「戰盟」在決策委員會之下，將原來的軍事組，改為軍事委員會，以胡家驥、龔楚、廖屏藩、劉棟材、徐景唐、吳達、杜從戎、鄧龍光、張六師、宣鐵吾、衛立煌十一人為委員，下設秘書、組織、宣傳、政治、海外、軍事、財務、青年及資料九組，鄧龍光負責軍事，羅致來港軍人，返回廣東打游擊。各個小組聯絡十至十五個同鄉入盟，[168]用意在他們熟悉自己籍貫的地形，以便反攻大陸。

其後，位於菲律賓呂宋島的克拉克空軍基地（Clark Air Base），派浦更生來港，與張發奎會面，召開高級軍事會議，決定派遣張六師、廖秉凡、吳達及鄧龍光四人，擬訂軍事計劃，希望在廣東、廣西及雲南邊境建立基地，請求美國援助，籌組「中國反共人民志願軍」。[169]但是實質工作欠奉，參與人數亦少，力量有限。

後來，「戰盟」雖有中情局資助，但是經費日增，每月支出增至十萬港元，宣傳費已佔其中六成，海外活動費佔兩成，於是張發奎向華僑籌措。[170]其實，「戰盟」足跡遍佈世

166／前引司法行政部調查統計局第六組編《中國黨派資料輯要》（中冊），頁257。
167／前引〈「中國自由民主戰鬥同盟」在港九方面活動情況〉，《總裁批簽》。
168／〈中國自由民主戰鬥同盟最近活動情形〉，《總裁批簽》，台（42）中秘室字第0011號張其昀、張炎元呈，1953年1月15日、〈中國自由民主戰鬥同盟最近活動情況〉，《總裁批簽》，台（42）中秘室字第0128號張其昀、張炎元呈，1953年4月11日，中國國民黨文化傳播委員會黨史館藏。
169／同上。
170／前引〈中國自由民主戰鬥同盟最近活動情形〉，《總裁批簽》。

界各地，例如：李新俊被派往北婆羅洲，偽裝成傳教士，任教中學，創辦《打根日報》；伍藻池被派往澳洲，以便與親友聯絡；周祥光被派往印度，擔任駐印代表；黃天石被派往曼谷工作。張發奎指出他們被派駐當地後，表現良好。[171]然而，力量微不足道，不足以影響大局。

「第三勢力」希望擴大力量，聯絡世界各地。當時，世界各地都有「反國反共」之聲。近在亞洲，顧孟餘到了日本後，在一九五三年一月二十一日，於阿部真之助的《東京新聞》，以〈中共現狀與其命運〉為題，發表文章，並為「戰盟」宣傳。[172]同樣在一月二十一日，孫寶剛則在仰光參加「亞洲社會黨代表大會」，招待記者，向僑居當地的人積極宣傳「第三勢力」，其後返回香港，在港府默許下，籌組「中國自由社會黨」，在三大前提（反共、親英、拒台）下，積極活動，[173]日後出版《新社會》雜誌，成為提倡「香港自治」的先聲。

整體而言，「戰盟」初期工作集中在聯絡各界及報刊之上，但是沒有固定的工作地點，時間倉卒，單憑加強宣傳和增加聯絡，的確是難以挑戰民國政府和中共的統治地位。

（五）美國組織動向

如上所述，張君勱在美國聯絡民憲黨及洪門致公總堂，希望擴大政治影響力。一月十四日至十七日，在三藩市舉行聯席會議，民憲黨代表李大明、蔡增基、李卓平、黃子攀、胡煒基、曹桂芳及劉日起七人，與洪門致公總堂代表譚護、朱仲緝、司徒俊�、梁誠泰、黃景常、林永及司徒森七人，宣佈合作，以「倒共、復國、民主」為號召，並致電艾森豪威爾總統，解救大陸。與「第三勢力」友好的吳尚鷹，接任《金山日報》社長，與李大明在檀香山的《新中國日報》、吳敬敷在《聯合日報》及《中美週報》，批評國民黨及蔣介

171／前引張發奎口述、夏蓮瑛訪談及記錄《張發奎口述自傳》，頁379。
172／〈兩大黨聯合發宣言〉，《世界日報》，1953年1月22日。
173／〈謹將所謂第三勢力最近在海外各地活動情形摘報〉，《總裁批簽》，台（42）中秘室字第0069號張其昀、鄭彥棻呈，1953年3月4日，中國國民黨文化傳播委員會黨史館藏。

石獨裁的一面。[174]同樣是身處美國的李宗仁，同意反共民主人士應該團結，以求做到反極權、反獨裁的目標，揭破獨裁者偽裝民主、欺騙人民的真面目。[175]然而，這些都只是文字宣傳，而政治及軍事實力欠奉，實不足以挑戰國共兩黨的地位。

「戰盟」與洪門致公總堂發表聯合宣言，李宗仁及許崇智亦為之響應，但是影響有限。二月二十一日，民憲黨與洪門致公總堂在檀香山的《新中國報》，發表〈民憲洪門對蔣建議四事〉，向蔣介石力陳建議，例如：召開國是會議，籌組聯合政府，調整軍事體制，裁撤政黨軍隊，釋放非共黨政治犯，恢復憲法等意見，卻受到檀香山致公總堂主席鄧基榮反對，鄧基榮指出他們只是慈善組織，絕無政治性質，[176]使洪門致公總堂漸見分歧，也成為他們是否支持「第三勢力」的矛盾所在，力量大減，難以言勝。

（六）報刊紛爭由來

「第三勢力」起初的政治刊物眾多，除了上文提及的《大道》、《前途》、《自由陣綫》

等外，還有很多報刊陸續發行，造成報刊各自為政，未能團結一致對外，將矛頭直指民國政府及中共，成為「第三勢力」一大弊病，其中獲得資助的報刊如表八。

據上述政治報刊分析，《自由陣綫》屬自由出版社，《祖國周刊》屬友聯出版社，兩所出版社的報刊發行量，可說是「第三勢力」中數一數二，影響較大。《再生》早於一九三二年創刊，由國家社會黨（後稱民社黨）創辦。抗戰勝利後，《再生》在上海、瀋陽（馮亦吾主持）及廣州（伍藻池主持）都有出版，直至一九四九年二月二十八日停刊。[177] 十月十五日，

174／同上。
175／李大明〈李宗仁提倡反共民主人士大團結〉，《世界日報》，1953 年 1 月 27 日。
176／〈續將所謂第三勢力在海外活動情形摘報〉，《總裁批簽》，台（42）中秘室字第 0116 號張其昀、鄭彥棻呈，1953 年 4 月 6 日，中國國民黨文化傳播委員會黨史館藏。
177／前引王雲五等《張君勱先生七十壽慶紀念論文集》，言行錄頁 46。

《再生》在香港復刊。[178]次年三月，《再生》為「第三勢力」宣傳，其後獲得「第三勢力」資助，更在一九五二年五月二十日，出版專刊，紀念發行二十年，[179]可見歷史悠久。《華僑通訊》銷量較低，影響較微，內容亦鮮有談及「第三勢力」的發展，本文暫不贅論。至於第三勢力出版社發展的過程，詳見第三章。

《中國之聲》凡有顧孟餘及張君勱的文章，印刷多達三千份，平均每期銷量有二千份，香港約佔一千二百份，其他則銷售海外，銷量不俗。筆者據上述銷量分析，《中國之聲》比以前的《大道》銷路更廣，反映「第三勢力」的支持者與日

表八：「第三勢力」雜誌資助金額[180]

政治雜誌	負責人	資助金額（每月）
《自由陣綫》	謝澄平	20000 美元
《祖國周刊》	陳思明（陳濯生）、胡永祥（胡越）	3000 美元
《獨立論壇》	黃宇人	8000 港元
《再生》	王厚生	6000 港元
《中國之聲》	張國燾	18000 港元
《華僑通訊》	羅吟圃	8000 港元

俱增，開支亦隨之增加。從「第三勢力」政治組織的每月開支可見，開支約八萬港元，即約一萬四千美元，其中並不包括政治報刊的開支，便可知「第三勢力」開支龐大，而張發奎每月只有一萬美元資助，[181]的確是入不敷支。

其後，張發奎以五萬港元，收購灣仔馬師道五號的嘉羅印刷公司，承印「第三勢力」旗下報刊，例如：《獨立論壇》及《再生》。一九五二年六月，嘉羅再承印《中國之聲》，[182]可是到了一九五二年八月，甘家馨及涂公遂在《獨立論壇》發表〈停刊啟事〉，聲稱：「本

178／《再生》（總253期），1949年10月15日。
179／《再生》（總315期），1952年5月20日。
180／前引張發奎口述、夏蓮瑛訪談及記錄《張發奎口述自傳》，頁376。
181／前引張發奎口述、夏蓮瑛訪談及記錄《張發奎口述自傳》，頁376-379。
182／同上，頁376。

刊因經費困難自本期出版後即行停刊。」[183]筆者發現所謂的「經費困難」，原來只是停刊的藉口。甘、涂二人為免引起日後的「戰盟」懷疑，又為了投向李微塵陣營，[184]所以草草將《獨立論壇》停刊。

誰料甘家馨被派到日本工作一個月後，卻在一九五三年初，被李微塵以成效不彰為由革除，加上李微塵、童冠賢及張國燾早有默契，要革除涂公遂、何正卓、王孟鄰及邵鏡人之職。王孟鄰早已料到李微塵有此一著，為免受辱，自請退出。[185]可見「第三勢力」的鬥爭，並不局限於政治團體，還包括政治報刊，禍起蕭牆。

（七）張國燾之引退

如上所述，李微塵編輯《自由陣綫》英文版，辭任後一直希望辦報，以便為「第三勢力」宣傳，但動輒要數十萬元，金額龐大，於是改辦一份雜誌——《中國之聲》，由張國燾任社長，化名凱音，[186]在一九五一年十月十日創刊，先以伍藻池為總編輯，涂公遂為副總編輯，陳濯生、孫寶毅、徐亮之等也曾擔任編輯，後以李微塵為主編。在此之前，張國燾曾因金價暴跌，輸掉身家，獲得「第三勢力」及謝澄平按月資助一千元，[187]維持生活。

《中國之聲》創刊號裡，顧孟餘以「存齋」為筆名撰文，[188]張國燾及張君勱也發表一篇文章。雖為雜誌提高銷量，但已引發內部危機。顧孟餘堅持要先看看張君勱的文章，略改數字，並加入自己的文章，顯然要人們知道他才是《中國之聲》的首腦。張國燾深知顧孟餘的心意，於是將顧孟餘的文章放在第一篇，自己的文章放在第二篇，張君勱的文章放在

183／〈停刊啟事〉，《獨立論壇》（3卷6期），1952年8月10日，頁24。
184／前引黃宇人《我的小故事》（下冊），頁144。
185／同上。
186／同上，頁133。
187／焦大耶〈第三百六十一行買賣〉，《新聞天地》（第300期），1953年11月14日，頁10-11。
188／黃宇人稱為「純齋」，或是手民之誤。參閱前引黃宇人《我的小故事》（下冊），頁136。

第三篇，[189]以免引發軒然大波。

《中國之聲》出版不久，張國燾與李微塵便有分歧。其後，李微塵漸漸得勢，迫使張國燾在一九五二年八月底辭去社長一職，李微塵取代張國燾，接任社長之位。兩個月後，「戰盟」成立，李微塵擔任秘書長，林伯雅接替李微塵擔任《中國之聲》社長。[190]自此，《中國之聲》聲望日降，成為權力鬥爭的犧牲品。直至一九五三年末，《中國之聲》出版第一一五期後停刊，出版為時只有兩年。

李微塵接掌「戰盟」後，與童冠賢一起執掌權力，使「第三勢力」分崩離析，革除甘家馨、涂公遂等人。數星期後，亦即三月下旬，李微塵再革除張國燾。筆者發現，張國燾、李微塵等人只有虛銜，並無實權，原因是《中國之聲》的幕後老闆另有其人——龔楚，[191]亦即中共在一九三〇年代的參謀長及軍長，到一九三五年退出中共，加入國民政府。龔楚來港後，參與「第三勢力」，擔任《中國之聲》老闆及「戰盟」中委。直至一九五三年三月，龔楚才辭任《中國之聲》老闆。可見張國燾及李微塵在《中國之聲》雖曾擔任社長，但實際上只是員工而已。

而張國燾先後加入共產黨及國民黨，最後加入「第三勢力」，在《中國之聲》與「戰盟」工作後，改與陳濯生等人合作，以《中國學生周報》為中心，聯絡青年，從事文化活動。一九五三年，民國政府情報稱《中國學生周報》「資望不足，在青年群中難起領導作用」。[192]其實，《中國學生周報》當時正在冒起，銷量日增，顯然情報有誤。

一九五四年，張國燾參與福特基金會資助華盛頓大學的研究，撰寫口述歷史，講述中

189／同上。
190／前引焦大耶〈第三百六十一行買賣〉，《新聞天地》（第 300 期），頁 12-15。
191／香港歷史檔案館藏，Control of Publications Consolidation Ordinance 1951（HKRS NO: 1250-1-40）。
192／〈中國自由民主戰鬥同盟內部糾紛及張國燾宣告脫盟情形〉，《總裁批簽》，台（42）中秘室字第 0158 號張其昀、張炎元呈，1953 年 5 月 1 日，中國國民黨文化傳播委員會黨史館藏。

共在一九二一年至一九三八年的興起及作亂過程，獲取一萬二千二百美元，[193] 後來寫成《我的回憶》（合共三冊），為我們提供不可多得的歷史資料。

（八）「戰盟」以外組織

許崇智及謝澄平加入「戰盟」後，不久便另謀出路，成立「中國民主反共同盟促進會」，成員包括：方覺慧、夏威、王正廷、余協中、張任民等。他們在一九五二年十二月五日，亦即「戰盟」成立不足兩個月，於許崇智寓所中設宴，分配工作：許崇智負責財務，謝澄平負責秘書及宣傳，方覺慧負責組織及聯絡，夏威負責軍事，王正廷負責外交，溫應星負責駐美聯絡，陳中孚負責駐日聯絡，大權則落入謝澄平手中。[194]

許崇智成立不少「第三勢力」的組織：「中國民主反共同盟」、「中華自治同盟委員會」及「中國民主反共同盟促進會」，但是組織徒具虛名，而且許崇智能力有限，組織不久便已瓦解。

除了許崇智外，李宗仁也在一九五四年中，成立「中國國民黨復興同志會」，活躍於三藩市等地，以國民黨黨員的身分，呼籲團結各黨各派，驅除中共。[195]李宗仁又與謝澄平、陳中孚、李大明、譚護等人組成「自由中國民主政團同盟」，結合海外團體，以求建立自由民主的中華民國。此事遭到王聿修及涂公遂的反對，王聿修撰文批評李宗仁「反共又反政府」的立場，涂公遂更將李宗仁的親筆信，送交國民黨港澳總支部。[196]早在一九五〇年，徐復觀已指出李宗仁「根本找不出絲毫反省和團結的氣息」，[197]如上所述，李宗仁指張發

193／The Ford Foundation Report, New York: The Ford Foundation, 1954, p.33.
194／〈許崇智等擬另組政團爭取第三方面活動領導權〉，《總裁批簽》，台（41）中秘室字第0075號張其昀、張炎元呈，1952年12月26日，中國國民黨文化傳播委員會黨史館藏。
195／李宗仁〈中國國民黨復興同志會宣言〉，1954年8月17日，頁1。
196／〈海外各地僑胞對李宗仁最近活動之反應情形〉，《總裁批簽》，台（43）中秘室登字0311號張厲生、鄭彥棻呈，1954年8月30日，中國國民黨文化傳播委員會黨史館藏。
197／徐復觀〈李德鄰先生是第三勢力嗎？〉，《民主評論》（1卷16期），1950年2月1日，頁13。

奎有數十萬游擊隊，猶如陷害身在香港的張發奎，正是徐復觀一語的明證，所以注定失敗。

與李宗仁關係密切的程思遠，亦在一九五一年十月，與徐亮之等人合資創辦《人言報》三日刊。原以為「第三勢力」可以開拓多一條渠道，宣傳「反國反共」的思想，誰料《人言報》竟然與「張、顧聯盟」唱對台，又與許崇智、謝澄平、黃宇人、羅夢冊、張國燾等人聯絡，散佈流言，[198]最後，《人言報》在一九五二年三月十二日已經停刊。

（九）「戰盟」黯然結束

張君勱、顧孟餘長期居於海外，未能處理「戰盟」事務，以致大權旁落，由張發奎及童冠賢掌管職務。奈何張發奎鮮有決策，童冠賢能力有限，未能團結「第三勢力」，欠缺實質工作，甚至重用李微塵，使「戰盟」分崩離析，最終苦無成果。

一九五四年，不少僑居香港的人要求前往台灣，包括：周天賢、任國榮、王孟鄰、邵鏡人、甘家馨、涂公遂、趙巨旭、尹述賢八人，[199]除了趙巨旭外，其他七人都曾參與「第三勢力」，而且涂公遂、尹述賢等人從一九四九年的「自由民主大同盟」開始，都已參與其中，可說是「第三勢力」的核心成員，都離「第三勢力」而去，可見「戰盟」等組織的發展令人失望。

一九五三年十月三十一日，顧孟餘與張發奎通信，懷疑「戰盟」有「內奸」，希望改組。一九五四年三月底，童冠賢曾按張發奎要求到日本，與顧孟餘商討「戰盟」改組一事，但張發奎、顧孟餘、張君勱三人亦有分歧，三人雖支持清除「內奸」，但顧孟餘極力主張「戰盟」改名，卻純屬空談，欠缺實務，張發奎及張君勱固然反對，「戰盟」改革依然無從入手。

198／前引焦大耶〈第三百六十一行買賣〉，《新聞天地》（第297期），頁19。

199／《總裁批簽》，台（43）中秘室字第0293號張厲生呈，1954年8月14日，中國國民黨文化傳播委員會黨史館藏。

其後，顧孟餘徵得張君勱同意，主張結束「戰盟」，[200]但已延誤不少時間，敗象已呈。

一九五四年九月八日，顧孟餘退出「戰盟」。[201]後來，張君勱也在美國宣佈退盟，並撤銷美國司法部的登記。張發奎看見顧孟餘及張君勱離去，深感孤掌難鳴，便燒燬所有文件，「戰盟」在一九五五年正式結束。[202]

200／〈據報關于「中國自由民主戰鬥同盟」最近動態及李宗仁方面情形〉，《總裁批簽》，台（43）中秘室字第 0387 號張厲生、張炎元呈，1954 年 10 月 29 日，中國國民黨文化傳播委員會黨史館藏。

201／〈據駐港工作同志建議對張發奎張君勱顧孟餘等疏導意見〉，《總裁批簽》，台（43）中秘室字第 0422 號張厲生、張炎元呈，1954 年 12 月 1 日，中國國民黨文化傳播委員會黨史館藏。

202／前引楊天石《海外訪史錄》，頁 673-674。

第七節

反攻大陸：發起自由中國運動

（一）麥克阿瑟阻止

早在一九五〇年十二月，李璜已向張發奎指出，日本有一個軍港，可以作為自由港，給香港工商界投資，發展政治勢力。「第三勢力」派黃旭初及青年黨的趙毓松前往，後來黃旭初因病辭行，改由程思遠視察，發現並無此事，最終無功而還。[203]「第三勢力」只好考慮菲律賓等地，卻遲遲沒有對策，以致軍事發展停滯不前。

而蔡文治自稱有一百多萬游擊隊，獲得美國人信任，眼見個人地位提升，深知時機成熟，便與顧孟餘、張發奎會晤，成立「中華革命委員會」，以「中華貿易公司」為招牌，也作為軍事的「擋箭牌」，又招攬人才，包括前國軍空軍中將、駐美大使館武官黃秉衡，[204]積極籌備，整裝待發。

張發奎不希望與蔡文治競爭，故以不介入軍事為由，婉拒蔡文治，並提出折衷方案：張發奎曾以「英」字為臂章，蔡文治則以「定武」為大號，於是各取一字，定名「英武學會」，吸引不少軍政人員參加，張發奎一方有鄧龍光、廖屏藩等人加入，蔡文治則有黃秉衡、涂思宗等人參與，經費由蔡文治支付，[205]務求周全穩妥。

不久，「英武學會」起了爭端，張發奎不希望參與管理，蔡文治也不希望解散部隊，所以未經張發奎同意，自行邀請張國燾、顧孟餘等人，加入個人組織，又指張發奎是軍閥，是「蔣介石第二」，暗示張發奎獨裁，但被他們拒絕。張發奎獲悉此事後，便不再信任蔡文治。自此，「英武學會」徒有虛名，參與其中的人，經濟頓時受困。[206]

蔡文治招募軍士時，大事宣傳，引起港府注意外，也引起中共注意。上海市公安局局長楊帆曾以「太湖游擊隊領袖」之名，來到香港，與蔡文治會晤，希望參與其中。經過蔡文治下屬調查後，發現楊帆是中共間諜，蔡文治方知身處險境，於是在一九五〇年八月，前往日本發展。蔡文治在戰略情報部的命令下，到東京與美國盟軍總部的負責人聯絡，策劃行動。誰料秋天之際，一向支持民國政府的麥克阿瑟，驅趕蔡文治離開，以求團結反共力量。蔡文治只好前往沖繩美軍基地，等待機會。[207]一九五一年四月十一日，杜魯門突然解除麥克阿瑟的職務，蔡文治才有機會大展拳腳。

203／〈為日方圖誘華人投資重建佐世保及黃旭初有轉移資金赴日企圖〉，《總裁批簽》，台（40）改秘室字第0077號張其昀、唐縱呈，1951年2月15日，中國國民黨文化傳播委員會黨史館藏。
204／姚杏林〈蔡文治的「自由中國運動」〉，《新聞天地》（第290期），1953年9月5日，頁9。
205／前引焦大耶〈第三百六十一行買賣〉，《新聞天地》（第297期），頁20-21。
206／同上。
207／前引胡志偉〈「自由中國抵抗運動」的開場與收場〉，頁49-50。

（二）自由中國運動

代表美國最高國防委員會、中央情報局、東京盟軍總部第二處的蕭泰志，與蔡文治簽訂一份合約，支持蔡文治領導的游擊部隊，由蔡文治挑選軍事人員，軍事人員經美國訓練後，空投大陸，美國負責補給，東京盟軍總部有最高指揮權，副校長以下職位可由蔡文治任免。其後，蔡文治決定在沖繩設立通訊補給站，香港則設立聯絡站，黃秉衡擔任香港代表，收集中共情報。[208]蔡文治藉此時機，希望搶先國民黨一步，反攻大陸，登上總統寶座。

「自由中國運動」的支出，由援助非共的專款中撥出經費，在香港的美國領事館直接支付，直接向國務院及國防部負責，美方要求援助物資用於作戰，由美方上校方基主持，教官二十五人，在塞班島基地訓練，當地最多可容納一萬人。當時已有消息指出，在中國大陸只有約三十萬游擊隊，與蔡文治所說的一百萬並不相符，而且戰鬥力成疑，還有約六成游擊隊不接受政府領導，甚至是反政府，更有一些是土匪，[209]反映民國政府及「第三勢力」根本沒有太多游擊隊支持。

其實，美國自設「Sub Rosa」的機構，支援反共武裝行動，並在東南亞建立據點，如曼谷、西貢（現稱胡志明市）等地。除了東南亞外，其他亞洲地區也有「Sub Rosa」的據點，其中之一就是香港。[210] 在美國從旁監督下，蔡文治能否與中共匹敵，美國卻一無所知。另外，劉震寰向美國自稱「在廣東打游擊」，實則從未離開香港，因而惹來「在深圳打游擊」的笑話，輕易騙取六萬美元，[211] 美國卻無法知曉，工作成效存疑。

一九五一年八月，蔡文治以「國際民主自由聯盟」的名義，向香港逃難人士作招徠。根據檔案披露，蔡雨時（陸軍大學十三期）、溫靖（陸軍大學十三期）、李綱（黃埔軍校

208／同上，頁46。
209／〈「自由中國運動」有關情報簡述〉，《總裁批簽》，台（40）改秘室字第0445號張其昀、唐縱呈，1951年10月2日，中國國民黨文化傳播委員會黨史館藏。
210／同上。
211／李璜《學鈍室回憶錄》，香港：明報，1982年，頁723。

十四期）等人開始在香港行動，蔡文治等人考核及調動調景嶺的居民，依據不同籍貫，吸納各省軍事幹部及通訊人員。嚴格規定軍事人員需在軍校畢業，而且是四十歲之下，從未參與政治活動者，方有機會入選。加上行動保密，軍事人員宣誓後不能通知家人，也不知道目的地，訓練前每月獲得生活費八十元，分組後整裝待發，伺機行動。當時已有五、六批人員成行，前往菲律賓、日本等地訓練。[212]

一九五二年三月，蔡文治希望學習第二次世界大戰時，法國的戴高樂（Charles de Gaulle）發動「自由法國運動」，發起「自由中國運動」，成立「自由中國運動陸海空軍總司令部」，自任「自由中國運動陸海軍總部總司令」，[213]藉此提升地位，下設東北、東南、華中、華南、西南、西北六個地區單位，開始招兵買馬，並將人員送往沖繩，美國國務院則稱為「亞洲抵抗運動」。

「自由中國運動」目的是追求自由的生活，成立服務的政府，所以要「驅逐蘇聯赤色帝國主義之侵略，推翻中國共產黨亡國傀儡殘暴政權」，達到「建設自由民主獨立和平康樂之國家」的預期成果，所以要服從紀律，「少數服從多數，下級服從上級」，以民主精神監察紀律與推動工作，而且賞罰分明，鼓勵自發及創造，懲罰貪污、洩露機密的人，嚴重者可判處監禁，甚至死刑。[214]

「自由中國運動」在香港成立「國際民主自由聯盟」，黃秉衡等人在調景嶺等地尋找軍事專才，並以後期的軍校生為對象，起初參與人數多達五百人，美國要求先挑選東北籍，在一九五一年九月二十日，送走一百位學員，前往海外受訓，從事情報工作。可是，不少南方人受工資吸引，冒充東北籍，「自由中國運動」也有一定野心，希望每月也能送走一批學員，

212／〈美方在港吸收青年幹部運送菲日沖繩等地訓練〉，《總裁批簽》，台（40）改秘室字第0363號張其昀、唐縱呈，1951年8月23日，中國國民黨文化傳播委員會黨史館藏。
213／前引姚杏林〈蔡文治的「自由中國運動」〉，頁8。
214／〈自由中國運動政綱與行動要領〉，《總裁批簽》，台（40）改秘室字第0491號張其昀、陳雪屏呈，1951年10月24日，中國國民黨文化傳播委員會黨史館藏。

初期尚且達到預期目標，後有民國政府及中共間諜滲透其中，被發現後即罰苦役，[215]與上述機密文件的懲罰相符。

（三）軍事組織架構

蔡文治成立「中國大陸游擊幹部訓練班」，以東京盟軍總部神奈川茅崎鎮的兵營，作為「自由中國運動」的總部，並兼任軍政幹部校長，王之化名石心，擔任軍政幹部副校長，署任校長之職，吳佩琪則在軍校任職英文教官，校歌由易君左所撰，美國則派一名少校及數個工作人員，訓練華人，在沖繩島建立軍事基地，訓練軍人，空投大陸，以圖獲取情報。於是，蔡文治對外聲稱有二十三個縱隊、八個直屬大隊。[216]〈表九〉是總司令部的詳細組織。

表九：總司令部職位分配[217]

職位	人物（化名）
總司令	謝澄平
副總司令	黃秉衡（孫復剛）
參謀長	楊子餘（黎東明）

上述職位有尊卑之分，由上而下，下屬服從上司，是軍隊常見之事。然而，三人看似地位崇隆：總司令、副總司令、參謀長……但他們只是美國人的下屬。蔡文治在總司令部之下，設立四個處如〈表十〉。

從上表可見，「第三勢力」的軍事組織主要做一些訓練下屬、聯絡、敵後等不同工作，培訓亦有難度，原因是

215／〈美方在港吸收青年幹部情形〉，《總裁批簽》，台（40）改秘室字第0432號張其昀、唐縱呈，1951年9月24日，中國國民黨文化傳播委員會黨史館藏、前引張發奎口述、夏蓮瑛訪談及記錄《張發奎口述自傳》，頁382。

216／前引胡志偉〈「自由中國抵抗運動」的開場與收場〉，頁49。

217／同上，頁50-51。

218／同上，頁50。

表十：四處工作分配 [218]

四處（工作）	處長
第一處（主管訓練）	譚彼得
第二處（主管通訊）	林湛（化名文鼎貴）
第三處（主管敵後）	陳偉連
第四處（主管事務）	貝健白

很多受訓人員並非軍人出身，「第三勢力」依靠美國人提供軍備及技術支援，加強訓練，效果成疑。在總司令部之下，還分設六個部門，各司共職，本文將各個部門的資料，茲列如下：[219]

【軍政幹部訓練學校】（原稱亞洲抵抗運動學校）

- 地點：塞班島
- 職員：數十人
- 校長：賈克遜海軍上校
- 副校長：西門氏中校、王之[220]

219／下列五點參閱前引姚杏林〈蔡文治的「自由中國運動」〉，頁9、前引胡志偉〈「自由中國抵抗運動」的開場與收場〉，頁49-51。

220／一說稱「黃芝」，如上文所說，應為「王之」。參閱前引范武政〈蔡文治沖繩島訓練游擊幹部〉，頁7。

日本茅崎
作戰學校
（原稱亞洲抵抗運動戰略學校）
通訊學校
中國大陸、香港
大陸游擊軍區
沖繩
倉庫與勞動學校
香港西洋菜街、白加士街
香港工作站（前稱辦事處）
塞班島
軍政幹部
訓練學校

●政治部主任：朱立克

●辦公廳主任：陳應鳴[221]

●秘書：胡越

●教官：吳佩琪、王之、胡越、易君左、謝澄平、梁寒操、許冠三、古鎮平等[222]

●翻譯員：八人

●職務：1.招收學員：合共兩期，第一期有一百二十七人，第二期有一百八十二人

2.訓練學員：外籍軍官空投、射擊、爆破等軍事知識

3.教導學員：吳佩琪教授英文、王之教授民主政治、胡越教授馬克思主義批判等知識

【作戰學校】（原稱亞洲抵抗運動戰略學校）

●地點：日本茅崎

●職員：數人

● 校長：林湛
● 副校長：丁一明
● 教育長：威士弟少校
● 職務：1. 招收學員：合共三期，共有三百零五人
2. 訓練學員：游擊戰、地下戰、政治戰、心理戰、戰車駕駛、跳傘等知識

【通訊學校】

● 地點：日本茅崎

221／據資料所述，陳應鳴：廣東人，西點軍校畢業，與古鎮平在1951年到了香港。可是，筆者翻查各種資料，西點軍校畢業生只有八人，並沒有陳應鳴的資料。參閱前引姚杏林〈蔡文治的「自由中國運動」〉，頁9、前引鄭雪玉〈西點軍校的八位中國畢業生〉，頁21。

222／胡志偉稱「由顧孟餘遴選梁寒操、于秉凡、謝澄平、易君左、胡越等八人為政治教官」，如前所述，梁寒操是否參與「第三勢力」，有待研究。至於于秉凡，應是于平凡，亦即許冠三的筆名。參閱前引胡志偉〈「自由中國抵抗運動」的開場與收場〉，頁49。

- 職員：數人
- 校長：柳炎（化名柳元）
- 教育長：彼得史少校
- 職務：1.招收學員：合共三期，共有二百零二人
  2.教導學員：電機工程、機務、收發報、密碼、實地通訊等知識

【倉庫與勞動學校】

- 地點：沖繩
- 職員：數人
- 職務：1.儲存物資
  2.處罰成員：政變失敗者，皆囚於此，曾多達數百人

【香港工作站】（前稱辦事處）

- 地點：西洋菜街、白加士街

● 職員：十數人
● 處長：黃秉衡副總司令兼任
● 第一組組長（總務）：歐陽康（化名陳盛）
● 第二組組長（人事）：張興華
● 第三組組長（軍事）：溫靖
● 第四組組長（情報）：徐富嘉
● 站長：趙萬邦
● 職務：1. 招收學員：超過一千人登記
　2. 轉送學員：學員前往上述各區受訓
　3. 收集情報：收集中共軍事、政治等情報

【大陸游擊軍區】

● 地點：中國大陸、香港

- 職員：分佈五個游擊軍區，合共二十三個縱隊
- 華中總司令：蔡文治兼任；副總司令：陳瑞和，轄三個縱隊
- 華南區司令：黃秉衡兼任；副總司令：涂思宗，轄十三個縱隊
- 湘鄂贛區司令：賴少堂；副總司令：黃經樵，轄兩個縱隊
- 東北區司令：李綱；副司令：張元偉，轄三個縱隊
- 華西區司令：葉氏；副司令：吳燧，轄兩個縱隊
- 職務：1.招募軍事人員，籠絡地方人士

  2.反攻大陸

入伍過程看似容易，但是參與者需要先填表格，再寫自傳，經辦事處考核，送到東京總部決定，才可前往沖繩受訓，航機約一星期一班。當時的訓練費用實報實銷，資料保密。可是，華人空投技術參差，射擊命中率又低，只是訓練一年有餘，便參與空投，[223]與訓練有素的美軍難以相提並論。

（四）成員反攻大陸

當時，蔡文治月薪有七百美元，下屬則有一百至三百美元，但蔡文治為了爭取美國支持，將下屬薪酬調低，只有十五至一百二十五美元，[224]參與者卻被蒙在鼓裡，他們來自東北、湖南、廣東等地，在飢寒交迫中，抵達香港，有的在調景嶺居住，有的在大磡村落腳，為了生活，甘願以生命作賭注，甚至認為這是一筆橫財，於是參與受訓，豈料工資被蔡文治七折八扣了。

後來，中情局發現有人偽稱建立「諜報網」，提供中國大陸情報，所謂「情報」，原來只是「剪報」，即是並非透過中國大陸情報網收集資料，而是利用中國大陸的報章雜誌，

223／前引胡志偉〈「自由中國抵抗運動」的開場與收場〉，頁51-52。
224／同上，頁47。

加以分析，成為個人資料搜集，欺騙中情局，令中情局了解沒有所謂的「諜報網」，「諜報網」只是一些賣情報的騙子。[225]

韓戰接近結束時，亦即一九五二年下半年，美國開始思考發展前景，縮減「第三勢力」軍事組織一半經費，而且不在香港招募軍人，只在韓戰約五萬中共俘虜裡挑選，[226]原因是韓戰爆發接近兩年半，仍然僵持不下，美國無意擴大戰情。更甚者，劉震寰說自己在大陸打游擊，卻被發現仍然身處香港，而被譏諷為「在深圳打游擊」，這件事情令美國非常不滿。[227]於是，蔡文治為了闖一番事業，便孤注一擲，積極空投。

從一九五二年夏天開始，「第三勢力」先在湖南，後在安徽、江西、湖北、廣東等地空投，雖說每一組空投人員多是同鄉，以便了解當地情況，聯絡村民，擴充軍力，但是人員尚未空投到地面，已被活捉，甚至被處決，[228]可見中共部署非常嚴密，甚至有人向中共通風報訊，令中共早有防範。其中一次發生在一九五二年十月，九個空投人員從漢城（今稱首爾），進入東北，旋即被捕，在長白山更被中共利用，聲稱游擊隊已有數百人，需要更多支援，引誘美國派遣 C-47 型運輸機至中國大陸，運送物資，中共早已設下埋伏，[229]使傑克・唐尼（Jack Downey）及狄克・費裘（Dick Fecteau）寡不敵眾，因而被俘，也使空投計劃失敗。直至一九七〇年代初，美國國務卿基辛格（Henry Alfred Kissinger）秘密訪問中國大陸時，二人才分別在一九七一年及一九七三年三月獲釋。[230]

早在一九五一年十二月，蔡文治要求張發奎、顧孟餘派人到沖繩擔任秘書，所以顧孟

225／李潔明（James R. Lilley）著，林添貴譯《李潔明回憶錄》，台北：時報，2003 年，頁 59-60。
226／前引〈「自由中國運動」有關情報簡述〉，《總裁批簽》。
227／前引李璜《學鈍室回憶錄》，頁 723。
228／前引胡志偉〈「自由中國抵抗運動」的開場與收場〉，頁 52-53。
229／同上。
230／前引李潔明（James R. Lilley）著，林添貴譯《李潔明回憶錄》，頁 56。

餘推薦胡越前往當地，擔任政治教官，主講「馬克思主義批判」[231]。其後，蔡文治與張、顧二人反目，自立門戶，以致「第三勢力」分裂，使胡越身分尷尬。胡越在空投計劃後期，揭開一場政治風暴的序幕。

胡越從友人信件中獲悉空投結果，產生不忍之心，又感到「自由中國運動」勢孤力弱，於是向王之提出解散學校，再提出將幾百名學生撥作美軍實習兵，取得美籍，卻被蔡文治知悉，蔡文治向學生逐一游說，使學生見風轉舵。蔡文治又認為胡越並不可靠，所以囚禁胡越等二十多人，並將王之撤職。王之暫居於塞班島白人區，胡越等人則被關進監獄，雖不受虐待，但喪失自由，飽受監視，[232]直至一九五四年重獲自由，但對政治還未死心，[233]所以重返香港，希望藉友聯出版社的文化工作，探求中國的前途。

最終在一九五三年八月，亦即韓戰結束後，美國決定停止空投，「自由中國運動」在九月正式落幕，蔡文治黯然下台，下屬亦各散東西。「第三勢力」先後空投多達二百多人，大多有去無回，軍事力量失去重要支柱。當時的倖存者包括張一民、蔣震等，就是回港二十多人的其中兩人，其他倖存者則到了台灣生活。[234]

一九五四年，蔣介石召回王之，以王之任總統府參軍。一九五八年，王之任東吳大學外文系主任及教務長，戎馬半生，及後任職大學，作育英才，始能發揮一技之長。「自由中國運動」時歷三年，經費高達一億美元，卻毫無建樹。[235]

蔡文治在美國人陪同下，一九五三年十二月到台灣的美國大使館，期間與民國政府談判，希望「自由中國運動」維持原有體制，改組為「自由中國抵抗運動大聯盟」，成為合

231／前引筆者〈胡永祥與《祖國周刊》之研究〉，頁19-20。
232／前引胡志偉〈「自由中國抵抗運動」的開場與收場〉，頁54。
233／方寬烈認為，胡越在這時已對政治死心。其實，到了1968年，胡越因為被懷疑與美國情報局有關，才下定決心，放棄政治。參閱方寬烈〈司馬長風的傳奇〉，《司馬長風作品評論集》，香港：香港文學評論，2009年，頁171-172。
234／前引胡志偉〈「自由中國抵抗運動」的開場與收場〉，頁55-56。
235／同上。

法政黨，並於國事會議中獲得數十個席位，被民國政府拒絕。蔡文治只好前往美國，後獲美國國籍，任職美國國防部顧問，研究軍備，[236]退休後在葉劍英的邀請下，於一九八〇年九月，前往北京，與中共領導人李先念握手言歡，籌組黃埔軍校同學會，擔任理事，大談統一，[237]此乃後話。

（五）蒲台島的反攻

除了蔡文治之外，還有其他「第三勢力」人士，希望在香港反攻大陸。自一九四七年開始，港府將蒲台島以南列為禁區，船隻來往受阻，令漁民人口銳減[238]。由於「第三勢力」反攻大陸，事關重大，需要保密，正因蒲台島漁民大減，間接為「第三勢力」製造契機，以免洩漏風聲。

一九五〇年代初，美國人在香港籌劃，以為「第三勢力」已經準備就緒，甚至在廣東部署地下工作，所以希望以空降部隊，運用無線電等通訊設備，獲得情報，與「第三勢力」

交換信號。後來，美國人發現「第三勢力」的信號，其實只在蒲台島的漁船上發出，所以懷疑「第三勢力」的工作進度。再者，很多聲稱「第三勢力」游擊隊都是弄虛作假，包括：涂思宗在廣東的游擊隊、劉震寰在廣西的游擊隊等，[239]全是謊話連篇，目的只有一個，就是獲取金錢。

相反，位於蒲台島的游擊隊比較積極，鄧龍光屬下陳深（曾任師長）帶著三十多人，希望反攻廣東西南部，甚至跟張發奎說：「與其餓死在香港，寧可回老家餓死。」於是，張發奎擔當中間人，聯絡美國，買了一艘船，租了一艘船，美國亦以武器協助陳深，以圖反攻。陳深也將部隊擴大至七十多人，居於牧場，接受訓練。所謂訓練，並非軍事訓練，

236／同上，頁 55-57。
237／陸鏗主編《中國統一問題論戰》，香港：百姓文化事業，1988 年，頁 496。
238／離島區議會編《離島區風物志》，香港：離島區議會，2007 年，頁 58。
239／前引張發奎口述、夏蓮瑛訪談及記錄《張發奎口述自傳》，頁 383。

其實只是一般的游泳訓練。[240]

第一次反攻時，部隊在蒲台島領取大陸鈔票，以為可以正式反攻，誰料美國失約，沒有在公海接濟他們，最後部隊折返，所以有第二次反攻。部隊出發時，買來的一艘船到達國際水域前，已被香港水警截獲，另一艘租來的船已經逃之夭夭。陳深等人幸而在租來的船上，否則必然被捕，於是在西貢上岸後，向張發奎報告，張發奎便與港府談判，改變港府原先將部隊驅逐出境的決定。港府亦歸還裝備，釋放所有部隊。最後美國要張發奎賣掉船隻，當時市值約三萬元，作為部隊的遺散費，[241]令「第三勢力」蒲台島反攻一事，宣告失敗。

240／同上，頁383-384。
241／同上。

第八節

政治餘暉：文教事業與《自由中國》

（一）張君勱的策劃

「戰盟」及「自由中國運動」相繼失敗後，「第三勢力」除了文化發展外，政治及軍事方面一度沉寂。原先支持「第三勢力」的程思遠，卻因在「第三勢力」一籌莫展，反為中共游說黃宇人等擔任政協委員，卻被嚴辭拒絕。[242]

242／前引黃宇人《我的小故事》（下冊），頁154-156。

「第三勢力」不甘示弱，誓要反擊，以免再有成員流失。張君勱先寄信給謝澄平，希望港澳地區團結反共人士，促使謝澄平找黃宇人籌劃，聯絡不同反共人士，例如：張發奎、左舜生、胡越等，[243]使「第三勢力」在香港再次組織起來。

一九五七年八月，「戰盟」後期中委羅永揚、候補中委劉裕略、徐亮之等人，開始舉行座談會，實現香港的「大團結運動」，邀請張發奎、左舜生、李璜、黃宇人、王同榮、王厚生、孫寶剛、孫寶毅、謝澄平、史澤之、勞思光、李達生、胡越、史誠之、蕭輝楷、周天賢等人參與，合共舉行七次會談，以期收「政治反攻大陸，民主改造台灣」之效，[244]以上人士大多數從事文化行業，即以出版、寫作、教育等為生，成為「第三勢力」的政治餘暉。

一九五八年春，張君勱抵港，成立「中國民主反共聯盟」，為「第三勢力」打下一支強心針，也成為《聯合評論》出版的先聲。在張君勱號召下，在張發奎之家召開「大團結運動座談會」。[245]值得注意的是，張君勱雖是「第三勢力」的核心，但長期不在香港，或會導致「第三勢力」組織渙散。本文先將「中國民主反共聯盟」成員名單，茲列如〈表十一〉。

上表人物除了張發奎、張君勱及謝澄平外，其餘十四人與「二十五人名單」及「戰盟」略有出入。如上所述，在「二十五人名單」中，二十五人全部是國民黨、青年黨或民社黨三黨成員。可是，從上表可見，「中國民主反共聯盟」骨幹只有十七人，

243／同上。
244／前引汪仲弘註釋〈台北舊書攤上發現的「總統府秘書長箋函稿」〉，頁46。
245／同上。
246／同上。

表十一：中國民主反共聯盟骨幹成員[246]

組織	成員
國民黨	張發奎、黃宇人、王同榮
青年黨	左舜生、李璜
民社黨	張君勱、羅永揚、劉裕略、冷靜齋
自由出版社	謝澄平、史澤之、劉子鵬
友聯出版社	胡越、史誠之、蕭輝楷
中國自由社會黨	孫寶剛、馬煥然

卻分成六個組織，除了原有的國民黨、青年黨及民社黨外，還加上自由出版社、友聯出版社及自由社會黨。從黨派組織層面上分析，「中國民主反共聯盟」明顯較「二十五人名單」為廣，但骨幹人數則較少。

再者，這次合作不是著力於政治舉動，而是議論時政，增加政治影響力，於是出版《聯合評論》，是為「第三勢力」的喉舌，用以推動民主，反對共產主義，每月開支二千元，由各參與者及出版社分擔，金額如〈表十二〉。

出版《聯合評論》，正是要透過籌措資金，達到團結一致的目的。從上述的資助表可見，「第三勢力」所獲資助應該不及當年，否則不必「眾籌」出版。

表十二：《聯合評論》資助表 [247]

代表	資助（每月）
張發奎	700 元
友聯出版社	500 元
自由出版社	500 元
左舜生、李璜、羅永揚、劉裕略、黃宇人、冷靜齋	300 元

（二）《聯合評論》創刊

一九五八年八月十五日，《聯合評論》創刊，逢星期五出版，黃宇人任督印人，左舜生以「左仲平」之名，擔任總編輯，張發奎、黃宇人、李璜、左舜生、謝澄平、王同榮、羅永揚、胡越、史誠之、蕭輝楷組織社務委員會，紐約航空版亦於十一月十二日發行，增加銷量。組織一談合作，便宣告分裂，謝澄平及王同榮率先退出，原因是前者未能做領袖，後者被指是國民黨特務。[248]《聯合評論》出版第二期後，自由陣綫社便沒有付錢，謝澄平約在一九五八年底正式退出。[249]

247／前引黃宇人《我的小故事》（下冊），頁158-159。

248／前引汪仲弘註釋〈台北舊書攤上發現的「總統府秘書長箋函稿」〉，頁46。

249／另一說是美國削減資助，所以《自由陣綫》在1959年7月開始，停止津貼《聯合評論》，與上文停止津貼的時間，相差大約半年。參閱〈對香港「中國民主反共聯盟」發動簽名「反修憲」「反連任」運動之分化疏導情形〉，《總裁批簽》，台（48）央秘字第159號唐縱、陳建中呈，1959年6月23日，中國國民黨文化傳播委員會黨史館藏。

不久，冷靜齋受到劉裕略的妒忌，因而退出。由此可見，「第三勢力」內部分歧甚大，張發奎卻難以平息紛爭，責無旁貸。不久，《聯合評論》決定改組，以黃宇人、左舜生、劉裕略、李金曄、徐亮之為編輯委員，每星期開會一次，再由左舜生擔任總編輯，劉裕略擔任執行編輯，二人兼掌編輯要務，後獲美國每月給予廣告費二百元，[250]並獲紐約聯合報社長吳敬敷支持。吳敬敷在中美出版社印刷紐約航空版，每兩、三星期便寄二百美元給《聯合評論》，[251]否則《聯合評論》收入不足，難以遠銷海外及出版。

《聯合評論》為了在台灣發行，於是向僑務委員會申請登記，獲得許可證，並獲民國政府承認為海外華僑反共刊物，但是尚未向台灣警備司令部申請內銷，所以不能暢銷台灣。後來，《聯合評論》因為發表一篇有關國民黨軍隊的文章，令支持民國政府的《香港時報》拒登《聯合評論》的廣告。黃宇人認為這是《聯合評論》禁售台灣的先兆，所以決定放棄申請內銷。[252]

（三）「第三勢力」與《自由中國》

《聯合評論》發行將近一年，依然未見成效，自然需要另謀出路。一九五九年五月七日，「中國民主反共聯盟」召開反共救國擴大會議，張發奎、李璜、左舜生、黃宇人、孫寶剛、劉子鵬、胡越、蕭輝楷、冷靜齋、劉裕略、羅永揚、馬煥然等人決議，推舉張發奎、左舜生、李璜、黃宇人、孫寶剛五人為反共救國會議籌備委員，並以張發奎為召集人，推左舜生、黃宇人組織《聯合評論》編輯委員會，每周開編務會議一次，[253]傾向與台灣的《自由中國》雜誌互相呼應，並與美國的李大明、謝扶雅等人合作，希望「開放政權，擴大民

250／前引汪仲弘註釋〈台北舊書攤上發現的「總統府秘書長箋函稿」〉，頁46-47。
251／前引黃宇人《我的小故事》（下冊），頁159、178。
252／同上，頁161。
253／〈香港「中國民主反共聯盟」積極籌開海外反共救國會議情形〉，《總裁批簽》，台（48）央秘字第108號張厲生、陳建中呈，1959年5月14日，中國國民黨文化傳播委員會黨史館藏。

主」。[254]香港一份《聯合評論》，台灣一份《自由中國》，加上友聯出版的《祖國周刊》，三份報刊意見相近，就是要落實民主政治，後來一起反對蔣介石三度連任總統。

根據中華民國憲法，總統任期為六年，只可連任一次。蔣介石已在一九五四年連任，換言之，蔣介石的任期到了一九六〇年，便已屆滿。胡適早已透露蔣介石希望第三度連任的消息。一九五八年秋天，胡適返回台灣時說：「蔣總統準備做第三任了。國民黨派到海外去作宣傳的人說：『今天台灣的軍隊，非蔣總統統率不可，旁人不能指揮，無人可以代替……』。」[255]使人們開始關注蔣介石是否連任。總統只可連任一次的憲法規定，目的是確保民主體制不會變成獨裁專制。

一九五九年十二月十三日，蔣介石高級顧問陶希聖向記者表示，蔣介石總統任期屆滿後，將會繼續留任。[256]由此可見，對於民國政府的疑難，不在於蔣介石是否連任，只在於蔣介石怎樣連任了。於是民國政府修憲，修改《動員戡亂時期臨時條款》，使蔣介石連任不受中華民國憲法四十七條的限制，為蔣介石第三度連任「開綠燈」。

「第三勢力」有見及此，便著手部署抗議。胡越、李中直及勞思光準備發表聯合聲明，反對蔣介石連任，張發奎及黃宇人都表示同意。胡越為了加強說服力，先找勞思光執筆，起草宣言，並以友聯出版社的油印機，連夜趕印數百份聯署信，寄給港、澳及海外地區人士，務求增加聯署人數，卻引來王同榮以王惕亞之名聯署，甚至代簽，[257]引發不必要的爭議，例如：恐防王同榮洩露消息、代簽會否惹人質疑等事情。

其後，胡越加印聯署信，又宴請各界友好，卻未能喚起人們的關注，只收回不足三十份聯署信，海外起初只有張君勱參與，僑港的何魯之、謝澄平、毛以亨、童冠賢、孫寶毅、

254／前引汪仲弘註釋〈台北舊書攤上發現的「總統府秘書長箋函稿」〉，頁47。
255／國史館《雷震案史料彙編——雷震獄中手稿》，台北：國史館，2002年，頁195。
256／社論〈總統連任的法理與現實問題〉，《祖國周刊》（28卷13期），1959年12月21日，頁3。
257／聯署是否有代簽，黃宇人堅稱沒有，國民黨黨史館資料則持相反意見。事隔數十年，仍是一大疑問。參閱〈簽報美方在港調查友聯出版社活動情況〉，《總裁批簽》，台（49）央秘字第115號唐縱、陳建中呈，1960年5月23日，中國國民黨文化傳播委員會黨史館藏、前引黃宇人《我的小故事》（下冊），頁165-166。

冷靜齋、張國燾等，他們都曾參與「第三勢力」，卻都沒有參與聯署，[258]可見「第三勢力」依然是組織鬆散，以致聯署人數大幅減少。後來，聯署加入謝扶雅、李金髮等身處海外的華人，但不足以影響大局。

直到最後，在胡越多番斡旋下，以海外出版、文教人士為主的七十三人發起聯署，包括：李璜、左舜生、胡越、史誠之、黃宇人、許冠三、勞思光、李達生、李璜生等，對蔣介石即將毀憲連任表示不滿，認為「自由與民主是反共運動的基本指導原則。自由理念的實踐首重寬容，民主憲政的實踐首重守法」。聯署繼而表示民國政府毀憲連任，分裂反共力量，國民黨將政府私有化，令支持民主的人不滿，所以警告國民黨當權派，以及國大代表認清毀憲連任的事實，能夠懸崖勒馬，不要做毀憲禍國的歷史罪人。[259]

據傅正所述，勞思光早在二月十日已經寫成聯署草稿，而且寄到《自由中國》的雷震手上，[260]參考了雷震的意見，刪除「救國會議」一語，使聯署文章用辭更為慷慨激昂，對民國政府修憲表達不滿。二月二十二日，即《祖國周刊》發表聯署的同一天，傅正指出聯署再修改約二十字，主要修改第二次原稿的「國民黨當局」改為「國民黨當權派」，還有青年黨的夏爾康退出聯署。[261]聯署就在四度修改的情況下刊登，[262]顯示參與者關注聯署的程度。雖然聯署不足以阻止蔣介石連任，但聯署無疑是團結一眾反對蔣介石連任的人士，令他們敢於表達意見。最終在三月八日，國民大會通過修正的《動員戡亂時期臨時條款》，並於三月三十一日，舉行第一屆國民大會第三次會議投票，選舉第三任總統，當時的候選人只有蔣介石及陳誠，使二人順利連任。

258／〈謹就國民大會以來海內外政治情況加以分析〉，《總裁批簽》，台（49）央秘字第060號唐縱、陶希聖、陳建中呈，1960年3月17日，中國國民黨文化傳播委員會黨史館藏。
259／胡越等〈我們對毀憲策動者的警告〉，《祖國周刊》（29卷8期），1960年2月22日，頁6。
260／潘光哲編《傅正《自由中國》時期日記選編》，台北：中央研究院，2011年，頁232-233。
261／同上，頁242。
262／〈謹就國民大會前夕海內外政治情況加以分析擬具建議意見〉，《總裁批簽》，台（49）央秘字第041號唐縱、陶希聖、陳建中呈，1960年2月17日，中國國民黨文化傳播委員會黨史館藏。

在反對蔣介石三連任一事中，香港的《聯合評論》及《祖國周刊》，與台灣的《自由中國》，兩岸呼應，連成一氣，有助加強聲勢。「第三勢力」的步步進迫，也引發民國政府勢要將「第三勢力」和《自由中國》迫向牆角。

（四）《自由中國》停刊

據檔案所述，民國政府先從外交途徑，向美國交涉。三月七日，張理在《環球報》揭露胡越聯署的計劃，[263]以致美國出面調停，削減「第三勢力」的資助，指出友聯未能做到反共文化的橋樑。中情局及亞洲基金會更曾三次派員抵港，調查事件，是否有人代簽聯署，並取消資助友聯三十萬元的計劃。至於友聯內部，部分社員不滿胡越的做法，南洋各地亦醞釀脫離友聯，獨立發展，[264]引發友聯內部危機。

蔣介石第三度連任總統後，《自由中國》社長雷震宣佈將在九月三十日成立反對黨——中國民主黨，成為國民黨拘捕雷震的導火線。一九六〇年九月四日上午，警備司令部拘捕雷震，控以「涉嫌叛亂」一罪，又拘捕《自由中國》會計劉子英、經理馬之驌、編輯傅正，稱為「雷案」。據警備司令部發言人稱，這是他們個人的問題，而不牽涉反對黨的問題。然而，《祖國周刊》社論質疑：「雷震等的被捕，是否果真只是個人問題，而不是有意阻撓反對黨的籌組？」社論認為「雷震案」確實對言論自由造成一大損害，並感到言論無能為力，令民國政府「強違民意，以立威勢」的傾向更激烈。[265]

在「雷案」之中，《祖國周刊》以傳媒之力，炮轟民國政府，《聯合評論》由左舜生、李璜、黃宇人、胡越、李薦廷等人先舉行緊急會議。九月九日下午三時，左舜生、李璜、黃宇人等在九龍格蘭酒店舉行記者招待會，指出民國政府逮捕雷震，就是消滅《自由中

263／前引〈謹就國民大會以來海內外政治情況加以分析〉，《總裁批簽》。
264／前引〈簽報美方在港調查友聯出版社活動情況〉，《總裁批簽》。
265／社論〈論雷震等被捕事件〉，《祖國周刊》（31卷10期），1960年9月5日，頁3-4。

國》，消滅雷震，消滅新政黨，所以希望民國政府恢復雷震自由，責備「雷案」官吏，令《自由中國》繼續出版。[266]

左舜生及李璜隨後在《聯合評論》撰文，建議民國政府立即釋放雷震，希望《自由中國》繼續出版，開放組黨，實踐憲政時期的應有措施。[267]一星期後，《聯合評論》出版「援雷專號」，其中六頁都評論「雷案」，徐亮之、李璜、李金曄、胡越、孫寶剛等都有評論文章，一致反對民國政府拘捕雷震。[268]

「雷案」爆發後，前在田風印刷廠任職，後任《聯合評論》經理的李薦廷為民國政府刺探「第三勢力」的消息，又在《聯合評論》會議上為蔣介石辯護，與左舜生等人激辯。一九六〇年九月，李薦廷秘密到台灣，為「雷案」提供意見，十月五日回到《聯合評論》社，暗地為民國政府疏導張發奎、黃旭初等人，以免他們與黃宇人、程思遠等聯絡，多了解左舜生、黃宇人、羅永揚、劉裕略、李中直、胡越等人的活動，離間「第三勢力」。[269]「第三勢力」先有彭昭賢，後有李薦廷，向民國政府提供情報，便難有秘密可言。

據檔案分析，民國政府除了善用分化策略，亦希望透過「聯戰」（中共稱「統戰」），瓦解「第三勢力」，使他們支持民國政府。其後，民國政府協調新聞工作者（《香港時報》及中央分社），領取聯戰經費，協調各個工作，並以出版機構——集成圖書公司（正中書局香港分局）為中心，出版反共書刊，爭取知識分子的向心，並加強「中國文化協會」（救總主辦）結合聯戰政策，對港九及大陸逃亡的知識分子，加以救濟，爭取支持，以期建立反對中共的組織。[270]「第三勢力」面對民國政府的「聯戰」策略，卻感到束手無策。

266／〈香港分歧份子對雷案聲援及我方正予以疏導分化情形〉，《總裁批簽》，台（49）央秘字第200號唐縱、陳建中呈，1960年9月17日，中國國民黨文化傳播委員會黨史館藏。

267／左舜生〈主張立即釋放雷震〉、李璜〈蠻幹能將民間組黨禁止得了嗎？〉，《聯合評論》（第107號），1959年9月9日，頁1。

268／《聯合評論》（第108號），1959年9月16日。

269／〈李薦廷上月由港來台〉，《總裁批簽》，台（49）央秘字第244號唐縱、陳建中呈，1960年10月22日，中國國民黨文化傳播委員會黨史館藏。

270／〈關於共匪及第三勢力在港活動與我方今後工作部署之建議〉，《總裁批簽》，台（48）央秘字第093號張厲生、陳建中呈，1959年5月5日，中國國民黨文化傳播委員會黨史館藏。

（五）《聯合評論》停刊

民國政府除了善用「聯戰」之策外，也給予美國壓力，令美國縮減「第三勢力」的資助。一九五九年，美國縮減自由出版社及友聯出版社的經費，以致自由出版社在一九五九年末結業，友聯出版社經費銳減，亦感資金不足。[271]「雷案」爆發後，《聯合評論》亦失去紐約航空版的廣告費及報費。[272]自此，「第三勢力」飽受經費困擾，發展自然雪上加霜。

一九六二年五月，友聯出版社退出《聯合評論》，原因是一向資助友聯的亞洲基金會，既資助友聯，也一直支持民國政府，以免身分尷尬，便暗示友聯退出《聯合評論》，否則停止資助。友聯迫不得已，退出《聯合評論》。[273]即使張發奎增加《聯合評論》的資助，每月增加至一千元，但是香港經濟開始起飛，物價暴漲，《聯合評論》開支也隨之而增加，每月需要三千元，還欠下張發奎三萬元印刷費，每期卻只賣出約三百份。[274]

後來，張發奎、左舜生等傾向支持蔣介石四度連任，孫寶毅、羅永揚、劉裕略等也在民國政府爭取之列，最終令反蔣的黃宇人被孤立，也令孫寶剛脫離「第三勢力」。[275] 自此，《聯合評論》難以營運，所以在一九六四年十月二十三日，出版第三一六期後停刊。[276]

《聯合評論》停刊後，民國政府善用這個機會，積極爭取「第三勢力」的支持。直至一九六六年，張發奎表示支持蔣介石連任總統，原是反對蔣介石三連任的張發奎，轉為支持蔣介石四連任，又希望蔣介石打回大陸。左舜生則認為除了蔣介石外，沒有人能夠接替

271／〈為本黨對香港文化宣傳工作〉，《總裁批簽》，台（48）央秘字第 283 號陶希聖呈，1959 年 11 月 18 日，中國國民黨文化傳播委員會黨史館藏。

272／前引黃宇人《我的小故事》（下冊），頁 178。

273／前引張發奎口述、夏蓮瑛訪談及記錄《張發奎口述自傳》，頁 393。

274／前引汪仲弘註釋〈台北舊書攤上發現的「總統府秘書長箋函稿」〉，頁 47-48。

275／〈香港「聯合評論」週刊停辦經過情況〉，《總裁批簽》，台（53）央秘字第 166 號谷鳳翔、陳翔中呈，1964 年 11 月 7 日，中國國民黨文化傳播委員會黨史館藏。

276／黃宇人稱《聯合評論》出版了 361 期，應為手民之誤。參閱前引黃宇人《我的小故事》（下冊），頁 181。

總統的重責，所以贊成蔣介石四連任。[277] 一九六七年，亦即香港爆發「六七暴動」之時，黃旭初及夏威鑑於香港局勢動盪，希望到台灣定居，[278] 令「第三勢力」在香港的政治活動幾近消失。

（六）李宗仁的投共

李宗仁在美國組成「中國國民黨復興同志會」及「自由中國民主政團同盟」，後來兩個組織復歸沉寂，李宗仁在「第三勢力」中幾近絕跡。而程思遠早在九五〇年代中期，便已投共，李宗仁又會何去何從呢？

一九六〇年十一月，李宗仁妻子郭德潔到達香港，透過程思遠，與黃旭初、夏威、張任民等聯繫，表示與中共官員會面後，同情中共。民國政府早已透過李薦廷獲悉上述事情，李薦廷與黃旭初及張任民聯絡，確保二人擁護民國政府。十二月，張任民曾致函李宗仁，告誡李宗仁善保晚節，不要投共。[279] 直至一九六五年七月，李宗仁與毛澤東握手言歡，自此定居大陸。

由此可見，中共透過程思遠，對李宗仁進行「統戰」，而民國政府則以「聯戰」之策，籠絡李薦廷等人提供情報，又透過美國施壓，令美國縮減「第三勢力」的資助，反映「第三勢力」在中共及民國政府打擊之下，使「第三勢力」難有發展機會。

277／《總裁批簽》，台（55）中秘字第075號谷鳳翔、陳建中呈，1966年4月15日，中國國民黨文化傳播委員會黨史館藏。

278／〈黃旭初夏威意欲近期來台〉，《總裁批簽》，台（56）中秘字第188號谷鳳翔、陳建中呈，1967年9月16日，中國國民黨文化傳播委員會黨史館藏。

279／〈李宗仁有意附匪及我方運用黃旭初張任民等告誡李某情形〉，《總裁批簽》，台（50）央秘字第082號唐縱、陳建中呈，1961年4月29日，中國國民黨文化傳播委員會黨史館藏。

（七）政治理想幻滅

部分「第三勢力」人物反對蔣介石四連任，上文所指的黃宇人就是一例，孫寶剛也是一例。早在一九五〇年代中，孫寶剛組織中國自由社會黨，出版《新社會》雜誌，後來提出民主自由人士的團結，[280]反對蔣介石連任，聲援雷震，甚至提倡香港自治。[281]對於自治，英國當然不會支持，卻沒有高調反對，令其自生自滅，使孫寶剛一系在一九六〇年代，亦復消沉。一九六七年三月十五日，《新社會》停刊，自治之聲轉眼即逝。

一九六二年一月，即「第三勢力」消沉之際，胡越離開友聯出版社。據檔案所述，胡越另有所圖，在五月七日遠赴東京，與前亞細亞大學教授田之炫往還密切，並與美國的謝扶雅、張君勱等組織「中華自由軍」，標榜大陸革命，從事海外及大陸地下活動，發表「中華自由軍討共檄」，胡越更手擬「反共復國革命行動進程綱要」，以求反攻大陸。十二月六日，胡越返港，計劃在一九六三年秋天成立「中華自由軍臨時全國委員會」，希望張發奎、張君勱、左舜生、謝扶雅、彭昭賢等人加入，[282]但是加入者少，彭昭賢是民國政府情報人員，故不會加入，而張發奎及左舜生後來支持蔣介石四度連任總統，故亦不會加入。至於張君勱及謝扶雅，身處海外，也成不了大事。

後來，胡越再成立「中華復國同盟會」，[283]但難以在大陸組織反共勢力，而且香港民心思變，反攻大陸的呼聲越來越少，人們打算在香港安居樂業，令胡越失望而回。以上檔案反映胡越對政治仍未死心，足以反駁胡越在自由中國運動以後，決心放棄參與政治的說法。

280／社論〈民主自由人士怎樣團結起來〉，《新社會》（2卷6期），1958年12月20日，頁2。

281／平民〈論香港自治〉，《新社會》（新字1卷2期），1965年8月1日，頁7。

282／〈呈報前香港友聯出版社社長胡越在日籌組「中華自由軍」情形〉，《總裁批簽》，台（52）央秘字第045號唐縱、葉翔之呈，1963年3月25日，中國國民黨文化傳播委員會黨史館藏。

283／〈為查復胡越履歷〉，《總裁批簽》，台（54）央秘字第045號谷鳳翔、葉翔之呈，1965年4月10日，中國國民黨文化傳播委員會黨史館藏。

（八）小結

自一九五〇年開始，美國從不同途徑資助「第三勢力」，為「第三勢力」構思一個「三腳架」，希望從政治、軍事及文化三途上發展。然而，「三腳架」是一個「第三勢力」基本架構，只是一件死物，欠缺衡量人性的標準，也難以衡量一個人的決心，甚至一群軍政要員的能力，這正是美國忽略的重要一環，引致「第三勢力」的政治及軍事以失敗告終。

在政治及軍事而言，「第三勢力」的確是乏善足陳，政治上「議而不決，決而不行，行而不果」，卻不加以反思，以致一個又一個組織開展不久後，便告衰落，甚至結束，數年來的組織都依照這個定律，不停在失敗邊緣中徘徊。至於軍事一途，單靠蔡文治一人之力，領導只有數百人的軍事組織，絕不足以力敵國軍，亦不足以反攻大陸，加上蔡文治有一己之私，希望早日反攻大陸，登上總統寶座，使空投部隊幾乎全軍覆沒。即使「第三勢力」在香港另有游擊隊伍，也是只有數百人的力量，亦不足以對國共兩黨構成威脅，加上英國在香港插手干預，令游擊隊反攻無望。

張丕介指出「所謂第三勢力，是中國近代政治發展的一個必然之勢。」[284]話雖如此，時至今日，中共實行一黨專政，台灣變成兩黨政治，「第三勢力」難以一展所長，很快被消滅於萌芽狀態。數十年來，台灣政壇偶有變化，新黨、親民黨、台聯、時代力量、民眾黨等組織相繼形成，但是面對國民黨或民進黨的「夾擊」，發展殊不容易。至於香港，政府若不開放政治制度，莫講「第三勢力」，反對派的發展亦難樂觀，面對政治空間日漸收窄，甚至被取消參選權利，實在難寄厚望。

284／張丕介〈論第三勢力〉，《民主評論》（1卷17期），1950年2月16日，頁17。

第三章

香港「第三勢力」的出版社

第一節

自由出版社：一時無兩　成敗一人

（一）青年黨的開創

一九四九年，青年黨的左舜生抵達香港後，既在一九四九年十二月創辦《自由陣綫》，又與易君左在大磡村開辦士多店，稱為「榮康商店」，[1]維持生活，在創刊號指出：「他們不代表任何一個舊有黨派發言，文責完全由執筆者自負。」[2]《自由陣綫》明顯要和青年黨劃清界線。

另外，謝澄平開始構想「香港第三勢力」是國民黨、青年黨及民社黨人士的組織，蛻變成為民主聯合陣線，希望在知識分子的領導下，打破軍閥暴政及黨國專制，內文提及組織要「知識分子的領導」，[3]暗示自己有領導群雄之意，可見謝澄平雄心萬丈的一面。

後來，《自由陣綫》出版「第三勢力專號」，明確指出「吉賽普特使正計劃著援助亞洲自由人民，艾契遜更明確地希望中國的第三勢力起來。」[4]加上謝澄平獲得何魯之鼓勵，促成五月十八日與蕭泰志的合作協議，獲得美國資助，推動香港「第三勢力」的文化發展。

1／前引張葆恩〈大時代的悲劇人物（上）——悼念謝澄平老哥〉，頁28。
2／本社〈我們的傾向〉，《自由陣綫》（1卷1期），1949年12月3日，頁1。
3／盛超〈展望中國第三勢力〉，《自由陣綫》（2卷1期），1950年2月1日，頁2-3、14。
4／盛超〈中國第三勢力與自由世界〉，《自由陣綫》（2卷2期），1950年5月1日，頁5。

（二）謝澄平的領導

當謝澄平獲得美國資助後，便以《自由陣綫》作起點，展開「第三勢力」的文化工作。《自由陣綫》除了以謝澄平、張葆恩等為基本人腳外，[5]還有丁廷標擔任《自由陣綫》主編。丁廷標聯絡作者，邀稿甚勤，而且態度誠懇，尊重作者，不刪稿件。丁廷標嘉惠後學，鼓勵孫述憲多寫文章，使孫述憲日後創辦人人出版社，以齊桓、夏侯無忌等筆名寫作。另有黃思騁、邱然、徐速等為《自由陣綫》撰稿，他們日後名揚香江，都是丁廷標不遺餘力的成果，徐速在《自由陣綫》發表〈星星．月亮．太陽〉，一文成名，成為個人的代表作，日後在高原出版社將《星星．月亮．太陽》刊印成書，暢銷港九，改編電影，對於一九五〇、六〇年代出生的人，都是耳熟能詳的事情。趙滋蕃認為自由出版

高原出版社《星星．月亮．太陽》

社播下文藝種子，是「香港文壇的原型期」代表機構，[6]絕不為過。

一九五〇年代初，自由出版社發展漸上軌道，將《自由陣綫》的文章結集成書，出版小說、散文、歷史、政治等不同類型的書籍，在香港文化界樹立一面旗幟，成為「第三勢力」初期出版社的重鎮，標誌著香港出版業在一九五〇年代的發展，令謝澄平成為當時得令的人物。

除了《自由陣綫》外，謝澄平原本與李微塵合作，興辦研究所，討論政治及哲學，後來討厭李微塵趨附權貴的做法，所以與品格忠厚的羅夢冊合作，資助羅夢冊創辦現代研究

5／謝澄平以盛超為筆名，張葆恩則以冷生為筆名撰文。參閱張葆恩《新蠻人之出現》，香港：自由出版社，1950年，前言頁1。

6／前引趙滋蕃《文學原理》，頁604。

所（後稱時代思潮研究所）。[7] 羅夢冊先在一九五〇年十月，發表《福利宣言》；後在一九五二年七月，創辦《主流》月刊，成為「第三勢力」的哲學雜誌，為「第三勢力」在文化層面中，樹立多一面旗幟，開拓「第三勢力」的發展方向。

另外，在謝澄平領導之下，自由出版社出版不少名人專著，陳寒波正是其中之一。陳寒波是脫離中共後抵港的人士，多以親身經歷，在《自由陣綫》寫出不少中共內情，後來出版專書，開始受人注目，卻惹來殺身之禍。一九五二年一月十六

《主流》月刊及陳寒波《反共宣傳與文藝運動》

日，陳寒波在黃大仙被暗殺，享年三十二歲。[8]自由出版社接連出版陳寒波的著作：《今日北平》、《地下火》、《反共宣傳與文藝運動》、《我怎樣當著毛澤東的特務》等，謝澄平亦為陳寒波遺著作序，《自由陣綫》亦以陳寒波遺照作封面，報道安葬陳寒波的事情悼念。[9]

謝澄平在九龍塘沙福道創辦尚德英文書院，作育英才，許冠三和孫述憲曾分別擔任校長和老師，[10]營運至一九五八年，因為資金不足而停辦，令教育工作打了折扣。

然而，謝澄平取得美援後，宴請大大小小的軍政人員，拜會顧孟餘、張發奎、伍憲子

7／參閱張葆恩〈何魯之先生（下）〉，《現代國家》（275期），1987年12月1日，頁34。
8／謝澄平〈陳寒波先生遺著序〉，《自由陣綫》（9卷3期），1952年3月12日，頁10。
9／《自由陣綫》（9卷8期），1952年4月16日。
10／前引黃宇人《我的小故事》（下冊），頁129-131。

等人，希望加強合作。[11]顧孟餘希望藉「張、顧聯盟」擴大影響力，將所有「第三勢力」的組織收歸旗下，自由出版社亦不例外。丁廷標對於上述爭權奪利的情況，感到非常厭倦，決定在一九五一年六月，辭任《自由陣綫》主編，暫時離開自由出版社，應東京盟軍總部之聘，負責心理作戰部的工作。[12]謝澄平也心有不甘，希望用盡一切辦法保護既得利益。[13]幸而，「張、顧聯盟」徒有虛名，而且明爭暗鬥，令自由出版社逃過一劫。

美鈔易得，令謝澄平理財失當，變得不思進取，生活奢華腐化，甚至涉足馬圈。據稱自由出版社營運將近十年，獲得美國資助二千八百萬港元，卻有約四百萬「鋪草皮」（賭馬），只有八百萬入賬。[14]謝澄平常以「秘密不可洩」為護身符，不公開自由出版社的財政，實際上是隨意揮霍。[15]後來，自由出版社的地位被友聯出版社超越，在香港出版界便失去領導地位，埋下失敗的伏線，所以張葆恩批評謝澄平「知人不明，領導無方」，[16]的確不無道理。

（三）丁廷標的耕耘

一九五五年夏天，丁廷標回港，擔任自由出版社總經理，三年後擔任自由出版社總編輯，設法扭轉大局。當時，美國逐漸縮減自由出版社的資助，丁廷標在有限資金下，凡事親力親為，為《自由陣綫》邀稿，在田風印刷廠為《自由陣綫》校稿，致力提倡文化事業企業化，[17]甚至邀請離開自由出版社的許冠三，為《自由陣綫》撰文，提升《自由陣綫》的質素。此外，丁廷標提攜晚輩，不甘後人，與青年話題投機，而且充滿趣味，又有啟發，

11／前引張葆恩〈大時代的悲劇人物（上）——悼念謝澄平老哥〉，頁29。
12／前引陳權〈怎樣認識廷標先生〉，頁19。
13／前引〈關於許崇智、張發奎等之民主反共同盟最近活動情形〉，《總裁批簽》。
14／丁易〈美援與香港草皮〉，《展望》（第28期），1961年4月號，頁3。
15／前引張葆恩〈大時代的悲劇人物（中）——悼念謝澄平老哥〉，頁22。
16／同上，頁21。
17／前引陳權〈怎樣認識廷標先生〉，頁19。

青年因而獲益良多。可見丁廷標盡忠職守、平易近人的優點，難怪謝澄平稱丁廷標為「三十年的朋友」。[18]

在丁廷標的努力下，自由出版社發行涂公遂的《文學概論》、許冠三的《史學與史學方法》等名著，許冠三更與齊桓合作，翻譯獲得一九五八年諾貝爾文學獎的《齊伐哥醫生》（後稱《齊瓦哥醫生》）等，都是經典著作。《自由陣綫》發行接近十年，[19]不少文人以此為「踏腳石」，如上所述提及的徐速、黃思騁等人，既是他們的收入來源，也是雜誌的主要稿源，其中作品被稱為「難民文學」，[20]本文稱為「流亡文學」。

（四）自由出版社的沒落

一九五九年五月十六日，美國大幅縮減《自由陣綫》的經費，原因是亞洲基金會改變資助方向，原本資助文化宣傳，改為資助教育，[21]使謝澄平失去強大的後盾，也使自由出版社陷入困境。

一九五九年八月十日，丁廷標去世，安葬於長沙灣天主教墳場。丁廷標的離世，使自由出版社失去重要支柱。後來，謝澄平遠走東京，令《自由陣綫》停刊，自由出版社也黯然結業。

18／澄平〈我所認識的廷標〉，《自由陣綫》（41卷7期），1959年8月24日，頁20。
19／陳正茂指出《自由陣綫》：「由民國38年12月問世到民國48年6月停刊止，共發行了40卷6期，時間將屆滿10年……」筆者翻看《自由陣綫》，發現《自由陣綫》在1959年11月底，仍在發行，讀者宜多注意。參閱前引陳正茂編著《五〇年代香港第三勢力運動史料蒐秘》，頁19。
20／黃康顯《香港文學的發展與評價》，香港：秋海棠文化企業，1996年，頁70。
21／前引〈為本黨對香港文化宣傳工作〉，《總裁批簽》。

第二節

友聯出版社：人才濟濟　架構龐大

本文先介紹友聯出版社的社徽。社徽中的「三角」象徵中國民主運動，「雙葉」則借用聯合國徽誌中，兩枝象徵世界和平的橄欖葉，用以象徵一群愛護和平的青年。換言之，「三角雙葉」就是象徵一群愛護和平的青年，不斷為中國民主運動奮鬥。「三環連鎖」象徵一群青年對民主社會的基本理念：上環代表「民主政治」；右環代表「公平經濟」，左環代表「自由文化」，即表示民主必須建基於公平經濟與自由文化之上，亦即民主社會的一體三面。「三角」貫穿「三環連鎖」，即一群青年為體現中國民主運動的基本理念，從「三角」的下角開始，順時針運行，由文化運動轉進至左角的政治運動，再到達右角的社會運動，最後回到下角的文化運動上，使文化到達一個新階段，再運行一次，不斷改革文化、政治，以建立公平社會，達到和平共處的理想。[22]友聯日後提倡「民主政治」、「公平經濟」和「自由文化」，成為出版社的三大目標，確立標誌的作用，是為友聯仝人奮鬥的一大方向。

（一）友聯出版社的成立

要了解友聯的發展，就要從一九四九年六月說起。當時，中共南侵，胡越由廣州乘船，經基隆至台北，與殷海光、許冠三、陳濯生、李達生（李中直）、勞思光等舉行學術座談會，每兩周舉行一次，提倡自由民主，王正路和聶華苓也曾參與其中。據筆者了解，上述參與學術座談會的人士，除了王正路外，都曾在陳思明（陳濯生）及胡永祥（胡越）主編的《祖

22／友聯出版社〈介紹我們的社徽〉，《祖國周刊》（9卷1期），1955年1月3日，頁3-4。

國周刊》撰文，而《祖國周刊》正由友聯出版社發行。[23]後來，胡越、殷海光、許冠三、李達生、勞思光和聶華苓分別在台灣及香港任教大專院校，可見台北的學術座談會，一直協助友聯發展，提升友聯出版物的學術水平。

另外，胡越、陳濯生、許冠三及李達生曾在《自由中國》創刊初期工作或投稿，[24]前三者都是友聯社的創辦人，有助友聯出版社的成立，以及《祖國周刊》的發行。而李達生與殷海光都是《自由中國》舉足輕重的人物，前者是《自由中國》初期的編輯委員，後來前往香港，在珠海書院任教；後者是《自由中國》一枝健筆，文字流暢，鏗鏘有力，成為現今台灣民主化的象徵人物。台北的學術座談會與「第三勢力」座談會截然不同，台北座談會以學術討論為主，突顯爭取民主自由的決心。

一九四九年末至一九五〇年初，胡越與陳濯生由台北到香港，[25]協助丁文淵籌辦《前途》雜誌。如上所述，《前途》停刊後，陳濯生擔任《中聲晚報》總編輯，兼任《中聲日報》主筆，[26]胡越則擔任《自由陣綫》編輯，更寫成《馬克思政治哲學批判》等書，通過自由出版社一系，除了增加個人工作經驗外，還可以提升香港文化水平。一九五〇年中，徐東濱及許冠三分別從中國大陸及台灣抵港，亦曾為《自由陣綫》撰文，有助《自由陣綫》的作者群年輕化。後來，胡越等人不滿謝澄平的理財方式，紛紛離開自由出版社，另覓資助，創辦出版社，發行報刊，聘請員工，開展文化事業。及後的友聯出版社、高原出版社、人人出版社、自聯出版社等，正是由自由出版社而來。

23／前引筆者〈胡永祥與《祖國周刊》之研究〉，頁18。

24／前引黃宇人《我的小故事》（下冊），頁169。

25／胡越來港的時間，眾說紛紜。胡越自稱於12月抵港，國民黨黨史館資料也有同樣說法。可是，寒山碧則認為胡越在1949年9月逃亡來港。胡越又曾憶述自己在1949年秋天，身處台北，初識聶華苓，認為她「為人隨和，談話爽快」。他們相識半年後，胡越才到香港。換句話說，胡越約在1949年末至1950年初來港。參閱〈為查復胡越履歷〉，《總裁批簽》，台（54）央秘字第057號谷鳳翔、葉翔之呈，中國國民黨文化傳播委員會黨史館藏、寒山碧《香港傳記文學發展史》，香港：東西文化事業公司，2003年，頁38；胡王篆雅編《司馬長風逝世卅週年紀念集》，香港：維邦，2010年，頁102；司馬長風《新文學叢談》，香港：昭明，1975年，頁107。

26／前引陳維瑲〈風雨同舟五十年〉，頁1。

一九五一年四月五日，友聯出版社正式成立，展開文化工作，推展「社會教育運動」，希望知識在民間成長，民主在民間生根，更要公德、公益及法治精神與中國融合。[27]

（二）友聯出版社的資助

一九五二年二月二十一日，新華社首次發佈「美軍瘋狂散佈細菌」的消息，[28] 指美國發動「細菌戰」，以細菌侵略共產政權，企圖引發中立國家敵視美國，令美國束手無策。有見及此，徐東濱以岳鴻文為筆名，出版《論細菌戰》一書駁斥[29]，因而聲名大噪，得到美國重視，獲得資助，使友聯業務蒸蒸日上。

值得注意的是，友聯出版社與自由出版社的資助模式不盡相同，自由出版社以亞洲基金會作為最大後盾；友聯出版社爭取不同機構的資助：亞洲基金會、亞洲協會（Asia Society）、美國之音、福特基金會、天主教會等，[30] 反映友聯廣結友好。本文以亞洲基金會為例，再作解說。

據〈表十三〉所述，亞洲基金會資助金額龐大，但是其中兩份刊物是否接受資助，眾說紛紜，如林悅恆指出《祖國周刊》及《兒童樂園》不獲亞洲基金會資助，以免兩者介入政治之中。據筆者分析，一九五八年，林

27／前引陳維瑲〈風雨同舟五十年〉，頁 2。
28／王實華〈「反細菌戰」的秘密〉，《民主評論》（3 卷 9 期），1952 年 4 月 16 日，頁 19。
29／岳鴻文《細菌戰》，香港：友聯出版社，1952 年，序頁 1-2。
30／前引張發奎口述、夏蓮瑛訪談及記錄《張發奎口述自傳》，頁 401。
31／前引司法行政部調查統計局第六組編《中國黨派資料輯要》（中冊），頁 279、僑務委員會敵情研究室編《匪偽僑務簡報》（第 27 期），台北：僑務委員會敵情研究室，1965 年 12 月 1 日，頁 2。

表十三：亞洲基金會資助額[31]

資助機構 / 報刊	每月資助金額（美元）
友聯研究所	4000
《祖國周刊》	3000
《大學生活》	1000
《中國學生周報》	2000
《兒童樂園》	2000

悅恆在殷海光的介紹下，進入友聯工作。[32]然而，上述資助金額是一九五〇年代初的資料，林悅恆所指的或是一九五八年後的事情，時間或有不同，我們宜釐清時間不同，以免混淆。

再者，友聯出版社在邱然及徐東濱的努力下，獲得美國新聞處提供稿件，再由友聯印刷，美新處購入大量書籍，增加友聯收入。友聯又將搜集的資料翻譯成英文，售賣給美國不同大學，以便研究中共議題。[33]此外，蔣廷黻及雷震向胡適介紹友聯的工作，胡適再向于斌主教介紹，于斌便向友聯資助三千美元，[34]友聯因而取得天主教會的資助。陳濯生又與「第三勢力」達成原則上的共識：「自由與民主，反對獨裁統治。」友聯雖不是「第三勢力」的正式成員，但「第三勢力」每月秘密資助友聯一千元，[35]與「第三勢力」保持緊密關係，可見友聯資金來源之廣。自此以後，友聯勢力日增，出版更多報刊及專著，蓬勃發展，逐漸成為一個廣為人知的機構。

（三）友聯出版社的組織

友聯出版社成立前，成員在一九五〇年組成「民主中國青年大同盟」[36]，加強組織及動員能力，為友聯出版社打下穩固基礎。同盟成員約定「不參加政黨，不參與實際政治」，推動「社會教育運動」，融合知識、民主、公德、法治等精神，[37]其中創辦友聯的人物，可分為以下三類：

32／前引盧瑋鑾、熊志琴《香港文化眾聲道》（第一冊），頁183、186。
33／前引張發奎口述、夏蓮瑛訪談及記錄《張發奎口述自傳》，頁401。
34／前引《匪偽僑務簡報》（第27期），頁2。
35／前引張發奎口述、夏蓮瑛訪談及記錄《張發奎口述自傳》，頁374。
36／有指組織稱為「中國青年民主同盟」，無論如何，都是指同一組織。參閱前引司法行政部調查統計局第六組編《中國黨派資料輯要》（中冊），頁265。
37／前引陳維瑲〈風雨同舟五十年〉，頁2。

1. 北大校友：徐東濱、邱然。

2. 逃亡摯友：胡越、陳濯生。

3. 同盟成員：史誠之、余德寬、許冠三。

其實，以上七人都是「民主中國青年大同盟」的成員，他們以「建立民主中國」為目標，號召年青人「反專制、反獨裁」。同盟以胡越擔任主席，徐東濱擔任秘書長，上有「常務委員會」，下有組織、宣傳、文教、財政等部門，每兩星期開會一次，又設「監察委員會」，檢討工作進度，後來加入的成員需要提交友聯出版「自由民主論叢」、「經濟論叢」、「人文思想論叢」的讀書報告，與核心成員交流過後，宣誓成為核心成員。[38]雖然同盟人數不多，但是組織嚴謹，成員年青有為，充滿活力，而且有理想，有抱負，成為友聯發展的重要因素。此外，邱然不滿「國民黨的貪污腐化、共產黨的極權暴政」，[39]所以友聯出版物常常痛斥國共兩黨，也可見友聯對貪污舞弊的厭惡。

再仔細分析「民主中國青年大同盟」，邱然、胡越、徐東濱、陳濯生及許冠三五人曾在自由出版社工作或投稿，熟悉編輯及營運工作。由於邱、徐二人都是北大外文系學生，擅長英語及交際，二人便肩負起決策及對外事務，是友聯運作順利的主因。邱然曾在中共統治下居住十九個月，[40]厭惡獨裁專制的管治，希望團結覺悟的青年，摧毀危害民主自由的極權專制勢力。[41]一九五二年，邱然出版《紅旗下的大學生活》後，以版稅支撐友聯，[42]所以與美國領事館副領事麥卡錫（Richard M.McCarthy）非常熟悉。邱然在兩年後出版的The Umbrella Garden（《紅旗下的大學生活》英文版），正是麥卡錫與邱然合譯而成。[43]友聯與不同人士合作，既是友聯發展不可或缺的因素，也是其他「第三勢力」機構欠缺的

38／同上，頁273-274。
39／燕歸來《紅旗下的大學生活》，香港：友聯出版社，1952年，頁1。
40／吳克（Richard L. Walker）著，王聿修譯《共產主義下的中國》，香港：友聯出版社，1956年，頁361。
41／前引燕歸來《紅旗下的大學生活》，頁1。
42／盛紫娟〈燕歸來——邱然〉，《文學評論》（第15期），2011年8月15日，頁96。
43／前引高全之《張愛玲學：批評．考證．鉤沉》，頁242-243。

成功條件。

邱然與亞洲協會合作，使友聯成為第一個與亞洲協會合作的「第三勢力」組織。亞洲協會負責人艾維（James Taylor Ivy），欣賞友聯同人年青有為，很有幹勁，所以資助友聯出版社，後來又與自由出版社、亞洲出版社、高原出版社等合作，[44]使香港不同出版社都有長足發展，所以宋敘五認為邱然在友聯之中，地位舉足輕重。[45]

即使美國資助金額龐大，友聯成員卻非常自律，每年寫兩份工作報告，一份是去年開支，另一份是當年預算及計劃，從不虛報，而且盡量調低金額，[46]所以工資微薄。一九五〇年代中期，領導人物只有二百五十元左右的月薪。有見及此，麥卡錫從不限制友聯的支出及收入，一直通過友聯的撥款，協助友聯有更長遠的發展。[47]

友聯出版社另一成功之處，在於「民主理念」，沒有老闆，沒有頭目，負責人以全體社員投票產生，公平公正，與自由出版社帳目不明的做法截然不同，成為「人事公開，政策公開，財務公開」的機構，[48]所以余英時指出「友聯之所以成為第三勢力中發展得最成功的一個團體，主要是由於他們能在互相尊重的基礎上長期合作。」[49]可見民主及高透明度是友聯成功的要素。

徐東濱及邱然以其作品的盈利，貢獻友聯，是「第三勢力」難得一見的成果，繼而鼓勵創作，積極出版，是友聯另一個成功要素。一九五六年，友聯成立有限公司，以胡越、徐東濱、閻起白、史誠之、蕭輝楷、何振亞及陳濯生為董事，令友聯發展更見規律，業務

44／前引盧瑋鑾、熊志琴《香港文化眾聲道》（第一冊），頁66。
45／前引筆者〈宋敘五教授訪問稿二〉（未刊）。
46／前引盧瑋鑾、熊志琴《香港文化眾聲道》（第一冊），頁30。
47／同上，頁127。
48／前引陳維瑲〈風雨同舟五十年〉，頁5。
49／余英時《余英時回憶錄》，台北：允晨，2018年，頁139。

蒸蒸日上。

（四）友聯研究所的起落

友聯草創時，採用民主制度，以社長一職為例，時有選舉，時有改變。史誠之、胡越、徐東濱、陳濯生等人都曾擔任社長。友聯只有一個職位，由創辦至一九六三年為止，從未改變，就是研究所所長一職，一直由史誠之擔任，因為史誠之獲得美國的信賴，令史誠之肩負使命。[50]

中共建政前，史誠之曾任國軍團長，屬上校級別，收集不少中國大陸的情報，有的甚至是軍事機密，為友聯研究所的成立打好基礎。加上史誠之工作態度誠懇，處事認真，備受尊敬，眾人以史誠之為「老大哥」，人稱「史兄」，[51]自然受到美國的重視。

一九五一年，友聯研究所先在鑽石山創辦，後在洪水橋立足，不斷收集中共情報及報刊，用以分析中國大陸的政治及經濟情況，最重要是史誠之撰寫的大陸軍事分析，每周一次，專程送抵美國三軍的聯合參謀部研究。期間，史誠之常以「絕密」及「急電」，發送文件到國務院、中央情報局等美國機構。至於政治、經濟、文化的評論，則有少數保留，並給《祖國周刊》發表。[52]當時美國對共產黨只是略懂皮毛，又未能培育一群研究人員，所以非常重視史誠之的分析，以便了解共產黨的實況。在史誠之的開拓下，加上邱然及徐東濱與美國聯絡，友聯研究所便成為美國資助的著名機構，提供情報，出版報刊及書籍。

友聯研究所以史誠之任所長，徐東濱任副所長，二人合作無間，非常愉快。唐君毅稱

50／慕容羽軍指蕭輝楷在1950年代時，擔任友聯研究所所長。可是，宋敘五有上述說法，足以澄清史實。參閱前引筆者〈宋敘五教授訪問稿一〉（未刊）、慕容羽軍〈五十年代的香港文學概述〉，《文學研究》（第8期），2007年12月30日，頁176。

51／筆者〈細說友聯——回應余英時〈友聯諸君多來自新亞同門〉一文〉，香港：明報月刊，2018年10月號，頁22。

52／同上。

史誠之為「駱駝」，任重道遠。[53]期間，友聯研究所吸引不同學術機構參觀，亦吸引歐洲、美洲、亞洲等地的研究人員到訪，[54]吳克是其中一人。吳克是耶魯大學研究東方歷史的教授，寫成《共產主義下的中國》，所以感謝友聯研究所及艾維搜集資料，又感謝麥卡錫閱讀原稿。[55]可見友聯研究所地位非凡，研究也有一定分量，成為香港不可多得的研究機構。

自一九七〇年代起，美國按年遞減友聯研究所的資助。筆者翻查亞洲基金

表十四：亞洲基金會資助友聯研究所金額 [56]

年份	金額（美元）
1970 年	55000
1971 年	20000
1972 年	20330
1973 年	20000
1974 年	17590
1975 年	13089
1976 年	5000
1977 年	4000

會的資料，發現資助友聯研究所的金額，遞減幅度相當驚人。本文先把資助金額茲列如〈表十四〉，再作分析。

從資助金額而言，八年之間，研究所獲得的資助減少13.75倍，除了一九七二年的金額略為提高外，其他年份的金額都是下降，自然令成本高、收入低的友聯研究所無以為繼。一九八〇年代，友聯研究所將珍貴資料，賣給浸會學院（現稱浸會大學），為研究歷史的學者付出最後貢獻。一九八五年九月十二日，友聯研究所正式結束，[57]結束三十四年的研

53／前引盧瑋鑾、熊志琴《香港文化眾聲道》（第一冊），頁100。
54／前引陳維瑲〈風雨同舟五十年〉，頁2。
55／吳克（Richard L. Walker）著，王聿修譯《共產主義下的中國》，香港：友聯出版社，1956年，頁5-6。
56／The President's Review, San Francisco: The Asia Foundation, 1970-1977.
57／有說是友聯出版社及友聯研究所在1976年結束。然而，在香港公司註冊處中，友聯研究所（公司編號：0007619）在1985年9月12日結束，友聯出版社（公司編號：0008600）則在2006年10月27日結束。參閱林起〈五六十年代香港文壇的一面旗幟——徐東濱〉，《文學評論》（第2期），2009年4月15日，頁156。

究使命。

（五）友聯出版社的人才

友聯出版社創辦後，深感人手不足，又體會莘莘學子的艱苦生活，所以聘請大專學生，增強凝聚力，[58]例如：余英時、奚會暲、古梅等，便是當時的工讀生，還有楊遠、陳特、孫述宇等人都在友聯工作，六人既曾在《中國學生周報》任職，後來都獲得碩士、博士學位，學識出眾，又能夠增加人手，是友聯成功的重要因素。友聯還有以下部門，聘請不同員工：

1. 友聯編譯所：蕭輝楷、趙聰
2. 友聯書報發行公司：王振龍
3. 友聯印刷廠：廖重興、閻起白（監督）[59]

友聯編譯所負責編印及翻譯書籍，由一九五一年開始，至一九六三年為止，編印七類圖書，合共一千二百一十三種，包括：唐君毅《文化意識與道德理性》、李璜《歷史學與社會科學》、趙聰《中國文學史綱》等，[60]成為提升學習水平的書本，貢獻良多。

友聯書報發行公司在王振龍的管理下，除了發行書刊外，更發行一百二十八家出版機構的專書，協助經銷二十八種期刊，代理機構則有八百六十七家，賣出數量高達四十七萬份。友聯在香港（德輔道中）及九龍（新圍街）各有分店，成為書報發行公司的門市，[61]有助營運。

友聯印刷廠印刷的專書題材廣泛，包括：燕歸來（邱然）的《謝謝你們，雲、海、山》、

58／編者〈友聯出版社——海外自由出版界介紹之三〉，《現代雜誌》（2卷10期），1966年10月16日，頁62。
59／前引筆者〈宋叙五教授訪問稿一〉未刊）。
60／前引陳維瑲〈風雨同舟五十年〉，頁3。
61／同上，頁5。

秋貞理（胡越）的《北國的春天》、岳心（徐東濱）的《伙伴》等，都成為「流亡文學」出色之作，抒發對故鄉的思念。友聯在不同部門的分工合作下，業務漸上軌道，成為廣為人知的機構。

（六）友聯出版社的報刊

友聯印刷廠除了印刷書籍外，還印刷友聯的報刊《中國學生周報》及《祖國周刊》。由於友聯印刷廠鄰近友聯出版社（新圍街），只有一街之隔，所以由印刷到出版，再由出版到經銷，層層遞進，運送方便，節省印刷及運輸成本，促使友聯發展日漸蓬勃，旗下刊物有增無減，分別有：

（1）《祖國周刊》：一九五三年創刊，適合不同年齡人士閱讀，共有七十九位特約撰稿人供稿，包括：牟宗三、徐復觀、殷海光等。起初，由陳思明（陳濯生）任督印人，一九五四年由胡永祥（胡越）任主編，次年兼任督印人，又親自撰稿，分析時局。

一九六二年一月，胡永祥離職，陳建人繼任督印人。《祖國周刊》每期售賣約八千份，並在友聯出版社印刷，[62]是一份一九五〇至一九六〇年代不可或缺的報刊。

（2）《大學生活》：一九五五年創刊，以月刊形式發行，由校長、院長及學生供稿，[63]錢穆、張丕介正是其中例子。雜誌適合大專生閱讀，古梅、楊遠、孫述宇、陳特等都曾先後任督印人，但是人手不多，孫述宇任職時，只有伍麗卿（陳特妻子）擔任助手。[64]然而，雜誌題材廣泛，作者亦多，內容重視知識發展，每期售賣約四千份，一九五九年改為半月刊發行，成為大專生的重要刊物。

62／前引筆者〈宋叙五教授訪問稿一〉（未刊）。
63／前引陳維瑲〈風雨同舟五十年〉，頁3。
64／前引盧瑋鑾、熊志琴《香港文化眾聲道》（第一冊），頁118。

（3）《中國學生周報》：一九五二年創刊，[65]適合中學生閱讀。余德寬任社長和督印人，余英時任總編輯，探討國家命運，兩年內已增至超過一萬八千份。[66]一九五四起，周報開拓星馬、印尼、緬甸等地的業務，余德寬前往新加坡創辦《學生周報》和《蕉風》月刊，《中國學生周報》繼有奚會暲、黎永振、胡菊人等任社長，影響深遠，絕對不容忽視。

（4）《兒童樂園》：一九五三年創刊，[67]適合小學生閱讀，以圖畫配合詩歌和童話發行，使用柯式印刷（offset printing），彩色出版。由於友聯印刷廠只有黑白印刷，所以《兒童樂園》在美泰印刷廠付梓。閻起白（筆名：楊望江）負責設計版面及編務，後任社長，兼管發行部和印刷廠，職務繁多，[68]使《兒童樂園》被譽為「開兒童讀物新紀元的畫刊」，高峰期出版五萬多冊。[69]古梅、羅冠樵、張浚華等都曾參與其中，羅冠樵的作品：小團圓、孫悟空等，更是膾炙人口，成為人們津津樂道的話題。

（5）《銀河畫報》：一九五八年創刊，以月刊形式發行，常友石擔任督印人。畫報內容大眾化，以報道娛樂消息為主。張徹（筆名：何觀）、王光逖（筆名：司馬桑敦、桑敦）

都曾在畫報發行初期撰寫影評。畫報亦刊登盛紫娟、瓊瑤等作者的小說，增加銷量，後由李國鈞接辦，深受歡迎。

（6）《科學世界》：一九六一年創刊，以月刊形式發行，劉甫林擔任督印人。刊物名稱顧名思義，就是以介紹科學為主的刊物，且與其他友聯報刊不同，由友聯編譯所負責，內容鮮有涉及政治，多介紹實驗儀器、計算機的構造等，別出心裁。《科學世界》圖文並茂，

65／慕容羽軍指《中國學生周報》是1952年7月前是古梅主編是周刊。事實不然，第一期是在1952年7月25日發行。古梅在友聯第一期發行的報刊，應是1955年5月創刊的《大學生活》。參閱前引慕容羽軍《為文學作證：親歷的香港文學史》，頁56。

66／列航飛〈負起時代使命〉，《中國學生周報》（二週年紀念特刊），1954年7月23日，頁3。

67／有指《兒童樂園》在1955年1月16日創刊，或為手民之誤。參閱前引盧瑋鑾、熊志琴《香港文化眾聲道》（第一冊），頁32。

68／前引筆者〈宋叙五教授訪問稿一〉（未刊）。

69／前引陳維瑲〈風雨同舟五十年〉，頁4。

使讀者認識當時的最新科技，獲益良多。

當時，新亞書院除了錢穆外，還有唐君毅、張丕介等都十分欣賞友聯出版社，認為友聯的理想與新亞的理想是別無二致。[70]唐君毅更指出《中國人文思想之發展》的文章，一半來自《祖國周刊》，一半來自《民主評論》[71]，足證友聯報刊對中華文化發展的重要。

友聯在龐大出版業務的背後，位於馬頭圍道七一至七三號地下的友聯印刷廠，一直有舉足輕重的角色，除了印刷友聯出版物外，還在印刷廠的樓上，為友聯職員提供宿舍，宿舍稱為「自由閣樓」。[72]筆者需要強調，興建宿舍是「第三勢力」出版社絕無僅有的例子，可以方便職員工作，也可以增加職員的歸屬感。

（七）中國學生周報小學

友聯除了拓展出版業務外，還創辦中國學生周報義校。當時，香港不少學校以夜校模式營運，為失學的青少年提供學習機會，中國學生周報義校正是其中之一，租用耀中小學（砵蘭街三六四至三七〇號），作為義校校舍，在一九五七年夏天創辦，起初招收小學一年級至四年級學生，合共五班，一年級分甲、乙兩班，其他各級一班，共有一百一十人名學生，逢星期一至五，晚上七時至九時上課，並由五位友聯出版社同人兼任董事，錢穆（新亞書院院長）、陳仿林（仿林中學校長）等六人擔任名譽董事，且有七位來自不同大專院校（新亞、珠海、浸會、聯合、香江）的老師，學生亦品學兼優。[73]除了課業外，義校還有工藝及假日活動，[74]學生得以增廣見聞。

70／前引盧瑋鑾、熊志琴《香港文化眾聲道》（第一冊），頁89。
71／唐君毅《唐君毅全集（書簡）》（卷二十六），台北：學生書局，1991年，頁367。
72／前引筆者〈宋叙五教授訪問稿一〉（未刊）。
73／鄭萼芬〈一年來的：學生周報義校〉，《中國學生周報》（第314期），1958年7月25日，頁2。
74／前引陳維瑲〈風雨同舟五十年〉，頁4。

一九五八年九月，中國學生周報義校改為正式小學，易名中國學生周報小學，學費每月兩元，再由《中國學生周報》每月補助七百多元，[75]是為尚德英文書院以外，「第三勢力」興辦的另一所學校。

一九六〇年，中國學生周報小學以一元租金，向港府租借黃大仙徙置區第二十三座大廈天台，改建四間課室，以便十多名老師任教一至六年級學生。[76]周報小學搖身一變，成為一所天台小學，只收取三至五元不等的學費，務求貧苦大眾讀書識字，減低香港的文盲率。直至一九六三年為止，周報小學合共收生四百人，學生多數來自貧苦家庭，[77]切合周報小學的教導貧苦大眾的方針。

一九七一年，隨著港府「六年強迫教育」的實行，勒令適齡學童入讀小學，改變天台小學的命運。後來，港府實行「免費教育」，使適齡學童多入讀常規學校，導致天台小學、僑校、私校等難以營運，所以到了一九七三年，中國學生周報小學正式結束，[78]但無損周報小學在十多年以來，為香港教育所付出的努力及貢獻。

（八）友聯的東南亞業務

友聯出版社在香港有龐大的規模，自然也有海外市場。陳濯生、余德寬等人為友聯在香港鞏固基礎後，便在一九五四年底，為友聯開拓東南亞業務。[79] 陳濯生不論在香港，還是在東南亞，都為友聯「打頭陣」，甘願做「開荒牛」，是友聯不可或缺的人物。後來，英國人及馬來亞人支持友聯，都有賴陳濯生的推動。其後，原本在香港的奚會暲、黃崖、姚拓、方天（原名張海威，張國燾之子）等人，都前往東南亞，協助友聯發展，維持以年青人為主的模式營運，使友聯逐漸拓展海外市場，建立龐大的出版機構，令香港與東南亞

75／鄭蕙芬〈中國學生周報小學的回顧與前瞻〉，《中國學生周報》（第366期），1959年7月24日，頁2。
76／前引盧瑋鑾、熊志琴《香港文化眾聲道》（第一冊），頁172。
77／前引陳維瑲〈風雨同舟五十年〉，頁4。
78／同上。
79／奚會暲〈不炫耀・不自滿・少說多做・向前邁進〉，《中國學生周報》（第157期），1955年7月22日，頁1。

的資訊流通，互相呼應。

一九五〇年代，梁宇皋擔任馬來亞立法議員，後任司法部長，一直支持友聯業務，使友聯在當地順利發展。一九五五年十一月十日，友聯的《蕉風》月刊創刊，先後由方天、黃思騁、黃崖任職主編，成為一份充滿當地特色的刊物，與世界文學相通，與中華文化接軌。一九六〇年，黃思騁主編《蕉風》時，《蕉風》銷量高達五千多份，[80]影響深遠，成為當地一份舉足輕重的刊物。

一九五六年四月，友聯在吉隆坡註冊，名為「友聯文化機構」，《學生周報》亦在七月創刊，銷量高達一萬八千份，成為《蕉風》的姊妹報刊。《學生周報》舉辦各式各樣的活動：學友會、籃球隊、合唱團、生活營等，促進年青人的身心發展。友聯除了發行課外刊物外，還開辦教科書的業務，一九五五年初，南洋大學以《友聯活頁文選》為課本，中學後來亦開始使用活頁文選。[81]友聯以文化打入香港市場，其後以同樣方式打入東南亞地區，其出版物推廣不同文化，漸漸在東南亞發揮影響力。

直至一九五八年底，友聯已經創辦馬來亞文化事業有限公司，在新加坡成立新加坡文化事業有限公司、友聯書報發行公司，在沙巴成立北婆文化事業有限公司，從事教科書工作。友聯另設曙光出版社，管理幼稚園課本及兒童刊物。[82]友聯又設曼谷青年文化服務社、吉隆坡友聯書報社、檳城友聯書報發行社、怡保友聯書報發行社、仰光中國學生周報社等，[83]反映友聯在東南亞各有據點，工作繁多。友聯在東南亞的工作模式，可說是仿照香港的《兒童樂園》、《中國學生周報》、《大學生活》、《祖國周刊》層層遞進的階梯，從幼稚園課本開始，一直發展至大學教科書，另有《蕉風》雜誌，增進文學水平，影響層面甚廣，使友聯成為東南亞一個龐大的出版機構。

80／姚拓《蛙鳴》，遼寧：遼寧教育出版社，1997年，頁34-37。

81／前引陳維瑲〈風雨同舟五十年〉，頁7-9。

82／同上，頁10。

83／前引司法行政部調查統計局第六組編《中國黨派資料輯要》（中冊），頁272。

友聯海外業務的發展，以馬來亞為發展重心，創辦馬來亞出版印務公司、友聯書報發行公司、馬來亞圖書公司、友聯印刷廠、怡和書局、富馬文具公司等，[84]甚至開設大人食品公司，又設大人餐廳，反映友聯業務繁多，除了出版業外，還有飲食業，服務層面甚廣，勝人一籌。至於東南亞以外地區，還在澳門設立友聯圖書公司、優良圖書服務社等。[85]可見友聯惠及各地居民，在亞洲的知名度有增無減。

（九）友聯出版社的沒落

截至一九六〇年代初，友聯資產約值港幣五百萬元。如不計算各大機構的資助，友聯月入約五萬元，連同星馬每月支出約七萬元，[86]收支尚可平衡，但是資助一減，無論友聯業務有多蓬勃，始終都有衰落的一日。一九五八年十月，邱然遠赴羅馬讀神學，[87]友聯頓失支柱。如上所說，史誠之專責友聯研究所的工作，使友聯由胡越、徐東濱等人在香港支撐大局。一九五九年，友聯出版社與自由出版社一樣，遭到美國大幅縮減經費。

友聯財政出現困難，於是胡越與民國政府駐港代表陳訓悆會面，證明自己並非親共，而是反共，以此希望得到民國政府的經濟援助，並希望民國政府召開國是會議，增加政府的透明度，卻遭民國政府駁斥，拒絕承認友聯是合法組織，[88]令會面不歡而散。美國曾希望借助自由出版社、友聯出版社等機構，作為香港反共文化的橋樑。後來，美國親手培養一群研究人員，專責研究共產政權，所以在一九六〇年代起，再大幅削減友聯的資助，或以一筆撥款，資助友聯港幣三十萬元，卻被民國政府知悉，令美國暫時擱置計劃，也令友

84／社論〈友聯立社十周年獻言〉，《祖國周刊》（34卷1期），1961年4月3日，頁3、前引《海外匪情僑情簡報》（第211期），頁2。
85／前引陳維瑲〈風雨同舟五十年〉，頁12。
86／前引司法行政部調查統計局第六組編《中國黨派資料輯要》（中冊），頁279。
87／前引盛紫娟〈燕歸來——邱然〉，頁96。
88／前引〈為本黨對香港文化宣傳工作〉，《總裁批簽》。

聯同人感到不滿，在東南亞分社亦醞釀脫離。[89]由於友聯持續虧損，所以難逃緊縮開支的厄運。

一九六五年，徐東濱代表友聯出版社，應邀到台灣參觀，開始化解友聯與民國政府之間的矛盾。奚會暲則前往三藩市，到亞洲基金會總部商討資助方案，二人都成功而回。一九六七年，何振亞買下新蒲崗四美街的單位，作為友聯印刷廠的落腳地，王健武則以十八萬賣掉友聯多實街的三層樓洋房，並與亞洲基金會的代表袁倫仁洽談，[90]使友聯營運下去。其後，民國政府花費約八萬美元，購買友聯研究所的微型膠卷（microfilm）。即使友聯暫時度過經濟難關，但到了一九七〇年，亞洲基金會最後

表十五：《聯合評論》資助表

報刊	停刊日期
《科學世界》	1963 年 5 月
《大學生活》	1971 年 7 月
《中國學生周報》	1974 年 7 月 20 日
《祖國周刊》	1975 年 12 月 [92]
《銀河畫報》	1993 年 1 月
《兒童樂園》	1994 年 12 月 16 日

一次向《中國學生周報》及《大學生活》資助二萬六千美元[91]，除了《科學世界》外，友聯報刊自一九七〇年代起陸續停刊〈表十五〉。

直至二〇二三年，友聯文化事業有限公司仍在運作，是友聯唯一仍登記在香

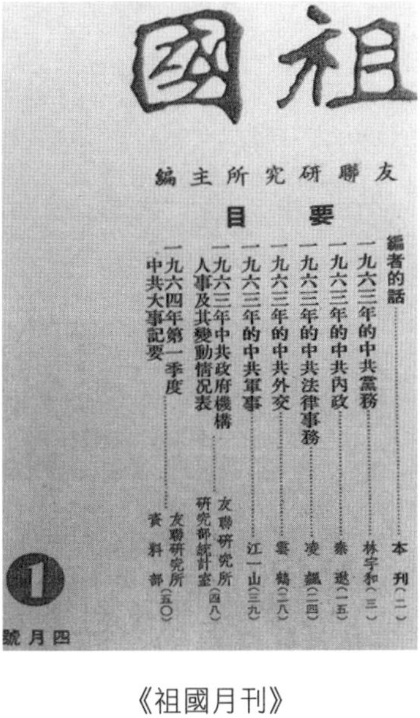

《祖國月刊》

89／前引〈簽報美方在港調查友聯出版社活動情況〉，《總裁批簽》。

90／何振亞及王健武指當時是友聯與亞洲基金會的最後一次合作，事實不然。如上所述，友聯研究所一直與亞洲基金會合作，直至 1977 年為止。參閱前引盧瑋鑾、熊志琴《香港文化眾聲道》（第一冊），頁 33-36、68、165。

91／The President's Review, San Francisco: The Asia Foundation, 1970, P.56.

92／《祖國周刊》在 1964 年 5 月改編為《祖國月刊》，《祖國月刊》在 1973 年 5 月改編為《中華月報》，《中華月報》在 1975 年 12 月停刊。

港政府公司註冊處的機構。由此可見，友聯同仁發展文化事業，推動歷史文化、香港文學、自由主義等發展，成為香港出版業發展不可或缺的一分子。

第三節

人人出版社：曲高和寡　孕育文青

（一）平凡出版社的由來

一九五〇年，許冠三從台灣抵港，先任《自由陣綫》編輯，約一年後離職。一九五一年四月五日，許冠三與邱然等人創辦友聯出版社，不久許冠三便離開友聯。同年，許冠三、孫述憲與黃思騁創辦平凡出版社，透過出版書刊，復興文化，以求心靈上的慰藉。

平凡一名，就是出自許冠三的筆名——于平凡。他們先出版「平凡叢書」，如于平凡的《談民主生活方式》、岳中石（徐東濱）改寫的《安全與民主政治》等，都是平凡出版社的著作。平凡出版社的成立，亦可視為後來人人出版社成立的先聲。

（二）人人出版社的創立

一九五一年，許冠三、孫述憲及黃思騁創辦人人出版社，用以取代平凡出版社。「人人」一名，即以眾人之見，取代「于平凡」一人之權，就是要放下個人權力，以免一人獨大，所以主動下放權力，與出版社同仁無分彼此，由衷合作。

人稱「老許」的許冠三擔任社長；人稱「小孫」的孫述憲擔任經理；人稱「阿黃」的黃思騁擔任《人人文學》主編。[93] 人人出版社獲得亞洲基金會的資助，出版文、史、哲書籍，其中的《人人文學》，更為人津津樂道。

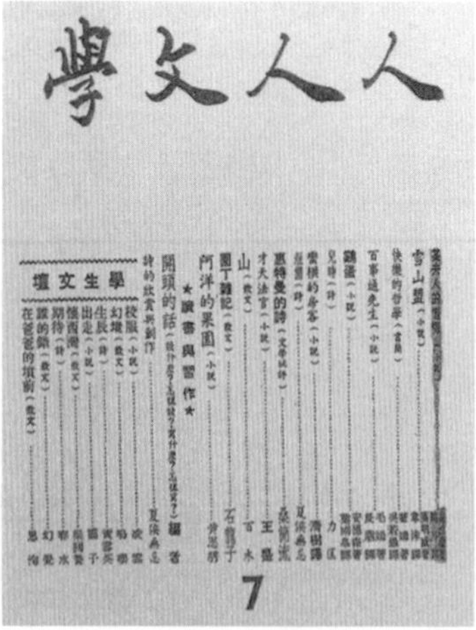

《人人文學》

人人出版社協助美國印刷文、史書籍，再由美國購入，從而賺取金錢。人人出版社的優點是：賺取的金錢不是為了個人利益，而是為了出版文學雜誌——《人人文學》（Everyman's Literature—A Book Supplement of Platitude Press）。Book Supplement是以「補充出版物」的形式出版，那麼就不用好像《大道》一樣，為了籌措一萬元登記費而大傷腦筋，甚至停刊，資金便可以靈活運用。

（三）《人人文學》的盛衰

《人人文學》出版前，許冠三、孫述憲等人著手籌備一切，例如：「人人文學」四個大字，正是出自孫述憲手筆。[94] 起初，《人人文學》交由張發奎的嘉羅印刷有限公司承印。

93／力匡〈關於阿黃——黃思騁〉，《香港文學》（第22期），1986年10月5日，頁22。
94／前引力匡〈關於阿黃——黃思騁〉，頁22。

後來，《人人文學》更借用嘉羅印刷公司，作為《人人文學》其中一個聯絡地點，[95] 作風務實進取。

人人出版社取得亞洲基金會及美國新聞處的資助，資助方式與友聯出版社相近，本文不贅。然而，人人以文學為主，所以出版數量遠遠不及友聯，資助亦遠遜於友聯，以致資金不足。再者，《人人文學》雖以月刊形式發行，後來卻受資金所限，不能定期出版，資料如〈表十六〉。[96]

從上表可見，《人人文學》雖以月刊形式發行，首三期大約相隔一個半月才出版。更甚者，第四期相差三個多月出版。雖說人人出版社的資金可以靈活運用，但是《人人文學》斷斷續續地出版，也是人人出版社資金不足的明證。

表十六：《人人文學》首四期出版日期

《人人文學》期數	出版日期
第一期	1952 年 5 月 20 日
第二期	1952 年 7 月 1 日
第三期	1952 年 8 月 25 日
第四期	1952 年 12 月 1 日

人人出版社「以文學為先」的想法，未免是曲高和寡，或會失去普羅大眾的支持。然而，人人出版社的努力，鼓勵文學愛好者創作，使他們紛紛投稿，成為香港文學日後發展的契機。一九六〇年代，學生開始組織文社，文社日漸蓬勃發展，動力正是從《人人文學》、《中國學生周報》等報刊而來。

後來，《人人文學》出版日漸定時，從第七期開始，每二十日出刊一次；[97]從第十期開始，更改為半月刊發行，[98]期間更邀請在《星島晚報》執筆的力匡擔任主編，強調文學不要為政治服役，否則便會貶低文學價值，[99]漸漸與人人出版社「以文學為主」的方針相符。

96／張詠梅〈開拓者的足跡——試論《人人文學》〉，《香港文學》（第156期），1997年12月1日，頁5。
97／〈給讀者的報告〉，《人人文學》（第7期），1953年3月16日，頁3。
98／〈給讀者的報告〉，《人人文學》（第10期），1953年5月16日，頁3。
99／〈讀者來書〉，《人人文學》（第2期），1952年7月1日，頁66。

黃思騁、齊桓（孫述憲）及力匡成為廣為人知的作者，後來被譽為「文壇三劍客」，[100]令三人的知名度有增無減。

《人人文學》雖曾加入林以亮（原名宋淇）、桑簡流等作者撰稿，漸漸豐富稿源。然而，林以亮及桑簡流主要為《今日世界》撰稿，而且宋淇在美國新聞處工作，自然分身乏術，力匡、孫述憲兩人只好在《人人文學》多寫幾篇文章，填補內容，所以一期《人人文學》裡，動輒有兩、三篇力匡的文章，令《人人文學》被稱為「力匡體」，暗示內容變得枯燥乏味。

曾有指黃思騁平均每天寫二千多字，[101]應有足夠稿源支持《人人文學》。可是，黃思騁為不少報刊撰稿：《人生》、《祖國周刊》、《自由陣綫》等，且在《人生》擔任編輯，難以在《人人文學》發表更多文章。《人人文學》缺稿的情況嚴重，兩年內虧蝕超過三萬元，直至一九五四年八月一日停刊，合共出版三十六期。[102]

（四）「四大叢書」的特色

人人出版社出版的書刊，都在「四大叢書」之列。本文試將「四大叢書」茲列如〈表十七〉，以便解說：

如上所述，平凡叢書有一定的地

100／前引姚拓《雪泥鴻爪》，頁519。

101／黃南翔〈黃思騁不羈而又執著〉，《香港文壇》（第24期），2003年12月，頁50。

102／一說是《人人文學》只有三十三期，並於1955年停刊，應是手民之誤。參閱黃傲雲〈從難民文學到香港文學〉，《香港文學》（第62期），1990年2月1日，頁5。

表十七：人人出版社「四大叢書」

	人人文叢	平凡叢書	美國問題叢書	蘇聯問題叢書
簡介	通過文藝作家神聖的筆，它要失去希望者重獲奮鬥的信心；要熱中權力的野心家重估人性的尊嚴	它幫助你思考問題，了解問題；幫助你想：世界何處去？中國何處去？個人何處去？	它告訴你美國真象，幫助你展望未來	它掀開鐵幕，讓你細看俄羅斯的真面目
書籍	黃思騁《當春天再來的時候》等	于平凡《談民主生活方式》等	羅傑士著、魯繼增譯《美國的高等教育》等	羅素等著《共產主義何以必敗》等

位，被列為「四大叢書」之一，實屬理所當然。還有「蘇聯問題叢書」，翻譯羅素等人撰寫的《共產主義何以必敗》，就是要批評共產主義。至於「美國問題叢書」，出版《美國的高等教育》等書籍，則是突顯資本主義的優點，從而獲得美國資助。上表反映冷戰時代，資本主義與共產主義針鋒相對，反映美國與蘇聯之間的角力。人人出版社身處香港，可在兩國角力之間獲利，而令廣大民眾獲益，成為啟導民智的出版社。

人人出版社將重點放在文學之上，「人人文叢」出版不少文學的書籍，如黃思騁的《當春天再來的時候》，就是人人出版社出版的第一本書籍，其後出版的力匡《燕語》詩集，需要再版發行，成為一時佳話。後來，人人出版社將「四大叢書」，擴充成「五大叢書」，增加「世界文學精華選」，出版馬克吐溫原著的《頑童流浪記》等，[103] 可見人人出版社並不局限於華文創作，後來出版約一百種作品，將文學範圍拓展至全世界。

（五）人人出版社的結束

人人出版社長期虧蝕，加上多賣文學書籍，引致入不敷支。一九五四年，人人出版社結業，由創辦至結業，時僅三年，是為「第三勢力」壽命最短的出版社。即使如此，《人人文學》培養一眾喜歡文學的青年：費力（孫述宇）、陸離（陸慶珍）、崑南（岑崑南）、西西（張彥）等青年，都曾在《人人文學》發表文章，後來為香港文學的傳承接棒，影響力延續至今，歷時長達數十年，反映許冠三、黃思騁、孫述憲、力匡等人絕對是功不可沒。

103／《人人文學》（第7期），1953年3月16日，頁底。

第四節

高原出版社：叫好叫座　獨力難支

（一）高原出版社的創立

高原成立於一九五一年，位於九龍城福佬村道，[104]由徐速、劉威（曾任《自由陣綫》編輯，筆名柳惠）及余英時創辦。徐速在一九五〇年夏天來港，先由同鄉丁廷標引薦，在《自由陣綫》任助理編輯，為主編張葆恩校稿，後來編輯文藝版，發表〈銀色的夢〉及〈星星之火〉，[105]但以一九五二年寫一部長篇小說——〈星星．月亮．太陽〉最受歡迎，在《自由陣綫》中連刊三十多期，及後增補約二十萬字，刊印成書，完成一本超過三十萬字的巨著，其後更連印十四版，[106]成為徐速的成名作。

一九五二年，徐速任《人人文學》編輯委員，但始終以高原出版社作為事業發展基礎。高原創辦之初，書籍內容廣泛，不乏個人創作，除了《星星、月亮、太陽》外，還有力匡的《高原的牧鈴》，都是小說及新詩的代表作。高原另有出版歷史、哲學、經濟等書籍，如艾群（余英時）的《到思維之路》、劉威的《經濟與人生》等，都廣受歡迎。

余英時是高原出版社創辦人之一，決定將自己兩本著作《文明論衡》和《到思維之路》，送給高原出版社發行，而且不收版稅，以示對高原出版社精神上的支持，[107]使高原出版社在不同機構和人士支持下，發展漸上軌道。

104／〈高原出版社出版叢書〉，《海瀾》（第1期），1955年11月1日，頁25。
105／徐速《星星・月亮・太陽》，香港：高原出版社，1981年，序頁18。
106／同上，序頁20。
107／前引《余英時回憶錄》，頁147。

（二）高原出版社的創立

高原經費不但源自美國的亞洲協會，[108]而且接受美國新聞處資助，協助美國翻譯作品，如胡叔仁譯《傑佛遜民主言論集》、《傑佛遜傳》、李素譯《紅色列車》等，再出版發行。美國新聞處按定價購買五千冊，送贈給社團和圖書館。[109]

此外，高原出版社透過胡越的協助，在自由亞洲委員會身上取得資助，每月得到美國資助三千美元，因而在一九五六年出版《少年周刊》。[110]高原可觀的收入，是從不同的途徑而來，與友聯爭取資助的手法相近。

（三）《海瀾》的創刊及結束

《海瀾》創刊時，徐速需要列出預算，包括：編輯人員、印刷廠設備、稿費等支出，[111]以免財政混亂，追究無憑。時至一九五五年，余英時已前往哈佛求學，劉威鮮有接觸出版事務，所以《海瀾》出版之責，便由徐速一人承擔。徐速以徐直平的名字，自任督印人，著手籌備一切，邀請力匡出任《海瀾》主編，[112]藉其豐富的經驗，廣尋稿件。

一九五五年十一月一日，《海瀾》月刊正式發行。[113]力匡雖任主編，但在經費上，需向亞洲基金會列出預算；在發行上，又與徐速意見不合，使力匡猶如「無兵司令」，力匡自稱「我作為校對的時候，遠比作為主編的時候多。……印刷廠常不依期排印，和那位印刷廠主

108／前引慕容羽軍〈五十年代的香港文學概述〉，頁172。
109／前引慕容羽軍《為文學作證——親歷的香港文學史》，頁59。
110／前引《匪偽僑務簡報》（第27期），頁3。
111／前引慕容羽軍〈五十年代的香港文學概述〉，頁172-173。
112／同上。
113／有指徐速在1952年創辦《海瀾》，1954年停刊。那份雜誌應是《人人文學》，而非《海瀾》。參閱徐速《故人》，香港：博益，1982年，頁259。

人大吵特吵……」[114]可見力匡在《海瀾》工作，並不愉快。唐君毅認為力匡個性耿介，[115]難免與人合作不來，尤其是在工作上，很容易引發糾紛，力匡在《海瀾》工作，就是其中一例。

不久，徐速請力匡另覓編輯部，使力匡迅速搬遷，聲稱與「高原出版社」再無關係，並開始獨資經營，自行約稿和印刷。力匡卻找來何冬青任總經理的「大中國印刷廠」，「高原出版社」已將印刷廠器材和營業牌照給了何氏。由於《海瀾》已刊行兩期，且將印刷第三期，使《海瀾》經費更捉襟見肘。在友人周旋下，免收前兩期印刷費，再以半價刊行新兩期，後來才依市價刊行。[116]《海瀾》出版不足一年，便有嚴重的人事糾紛。

從《海瀾》第十一期開始，督印人已改為鄭力匡。事實上，《海瀾》早在第九期開始，力匡已用三個筆名撰文：力匡、百木及文植。如上所述，在《人人文學》之時，力匡已經有這個做法。可見力匡主編上述雜誌時，多是稿源不足，內容自然單調乏味，銷量難免大幅萎縮。最後，《海瀾》只出版了十六期，在一九五七年二月停刊。[117]

（四）高原出版社的結束

《海瀾》停刊後，高原出版社仍然繼續營運，出版文學書籍。直至一九六〇年代，美國減少資助香港出版業，高原出版社因而缺乏金錢，遷至彌敦道七百三十九號金輪大廈營業。一九六五年十二月一日，徐速創辦《當代文藝》月刊，任職主編，成為一份暢銷歐美、東南亞等地的文學雜誌，印刷量曾高達一萬五千份，發行近十四年後停刊，以致徐速奔波勞碌，積勞成疾。一九八一年八月十四日，徐速中風不治，享年五十八歲。高原出版社無人承繼，因而結業。

114／前引力匡〈《人人文學》、《海瀾》和我〉，頁 19。
115／前引唐君毅《唐君毅全集（書簡）》（卷二十六），頁 453。
116／前引慕容羽軍〈五十年代的香港文學概述〉，頁 173-174。
117／有指《海瀾》在 1958 年仍在發行，或為手民之誤。〈海〉不是在《海瀾》發表，而是在《中國學生周報》發表。參閱黃南翔編《徐速卷》，香港：三聯，1998 年，頁 201-208、徐速〈海〉，《中國學生周報》（第 332 期），1958 年 11 月 28 日，頁 8。

第五節

自聯出版社：主力雜誌　關心時局

（一）司馬璐的背景

本文介紹自聯出版社前，先介紹司馬璐。司馬璐原名馬義，又名馬萬里，是一位研究中共黨史的專家。司馬璐曾加入中共，一九四一年被開除黨籍，直至一九四九年來港，先在《自由陣綫》、《前途》等「第三勢力」雜誌撰文。

其後，司馬璐出版《鬥爭十八年》，講述自己在中共的經歷，起初以為中共支持民主政制，後來參與中共工作時，卻處處受到制肘，工作與民主理念相違。再者，黨內互相監視，令司馬璐大失所望，於是將親身經歷寫成《鬥爭十八年》，銷路甚廣。

（二）自由作家聯合會的起落

司馬璐撰寫《鬥爭十八年》時，與徐訏籌組「自由作家聯合會」，獲得亞洲基金會及中國流亡知識分子救助會的資助，取得經費，由「救助知識分子協會」購買「聯合會」的作品，賺取利潤。司馬璐擔任亞洲出版社副總編輯期間，將《鬥爭十八年》交給亞洲出版社付梓。按亞洲出版社按規定，每千字高達三十五元稿費，令司馬璐賺取稿費的同時，聲名大噪，又在報刊、街頭燈箱等地方宣傳作品，作風進取。[118]

118／前引慕容羽軍〈五十年代的香港文學概述〉，頁 178-179。

後來，徐訏希望遠離政治，所以退出「自由作家聯合會」，引致會內人數不足，不符合「社團登記條例」，於是司馬璐將其改組，成為日後自聯出版社的起步點。[119]

（三）《自由通訊稿》的創刊

司馬璐成立自聯文化服務社，出版書籍，在一九五三年九月一日，出版《自聯通訊稿》，司馬璐以馬萬里之名擔任督印人。《自聯通訊稿》是一份只有四至六頁的周刊，內容以報道中國大陸和香港的事情，其中包括「第三勢力」的資料，例如：採訪顧孟餘、[120]《中國之聲》停刊、張國燾受

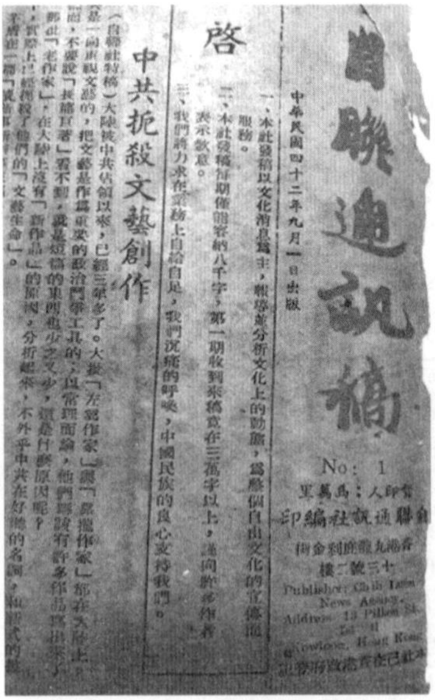
自聯通訊稿
中華民國四十二年九月一日出版
No: 1
督印人：馬萬里
自聯通訊社編印

啟
一、本社發稿以文化消息為主，報導並分析文化上的動態，為整個自由文化的宣傳服務。
二、本社發稿每期僅能容納八千字，第一期收到來稿竟在三萬字以上，謹向餘多作者表示歉意。
三、我們將力求在稿件上自給自足，我們沉痛的呼喚，中國民族的良心支持我們。

中共扼殺文藝創作
（自聯社特稿）大陸被中共佔領以來，已經三年多了。

《自聯通訊稿》

一眾反共人士批評等，[121]都與「第三勢力」相關，值得參考。

《自聯通訊稿》與孟氏教育基金會的關係密切。孟氏教育基金會由熱心教育的人士（布克禮、凌道揚、錢穆等）成立，在界限街設立圖書館，曾資助二千多名大專學生，完成高等教育，[122]亦設學生補助，以工讀形式，提供膳宿，應付生活所需。[123]自聯曾經捐贈一些圖書給孟氏圖書館，以表支持，[124]反映自聯熱心公益的一面。

119／同上。
120／〈戰盟東京某巨頭談「三百六十一行」讀後〉，《自聯通訊稿》（第15期），1953年12月8日，頁1。
121／〈「中國X聲停刊將起風波」〉，《自聯通訊稿》（第20期），1954年1月12日，頁1。
122／〈孟氏教育基金會〉小冊子，香港：孟氏教育基金會，出版年不詳，頁3。
123／〈孟氏教育基金會增加補助工讀生〉，《自聯通訊稿》（第6期），1953年10月6日，頁1。
124／〈孟氏圖書館成立自聯通訊社捐書〉，《自聯通訊稿》（第8期），1953年10月20日，頁1。

（四）《展望》與丁文淵

一九五五年，自聯出版社正式成立，為日後出版期刊及書籍邁進一大步。一九五七年，自聯出版社初上軌道，司馬璐一時難以應付。幸而，丁文淵為其籌備，計算收支，更送了一本日記給司馬璐。自此以後，司馬璐了解何時調款，何時還款，對創辦《展望》月刊有莫大的幫助。《展望》出版後，認為丁文淵是一個追求民主、清風亮節、古道熱腸的人。[125]一九六〇年十二月，亦即丁文淵逝世三年後，《展望》刊載黃震遐、胡雪甫、朱家驊的文章，悼念丁文淵，[126]又在丁文淵逝世七年後，把丁文淵遺照刊於封面。[127]可見丁文淵是自聯出版社的幕後功臣。

一九五八年四月一日，司馬璐改組《自聯通訊稿》，創辦《展望》雜誌，其中有李璜、張君勱、錢偉長、艾青等人的文章，他們各有專長：史學、哲學、科學及文學，為《展望》樹立名聲。更在一九六〇年代時，在《展望》刊登多篇謝澄平的文章，印證司馬璐與謝澄平化敵為友的過程。可惜的是，丁文淵在一九五七年末逝世，未嘗翻閱《展望》，否則定可見證《展望》的成功。

自聯出版社除了出版《展望》外，還在一九六〇年代開始，出版不同書籍，例如：楊子烈（張國燾妻子）的《張國燾夫人回憶錄》、司馬璐的《中國和平演變論》等，詳細憶述中共的內部鬥爭，以及中國未來的動向。

（五）《展望》與台灣政局

《展望》雖曾在一九五九年短暫停刊，但在一九六〇年一月復刊後，仍然關心時局，[128]

125／編者〈向讀者的一個報告〉，《展望》（第24期），1960年12月號，頁3。
126／《展望》（第24期），1960年12月號，頁3-6。
127／《展望》（第72期），1964年12月號，封面。
128／啟明〈深深的期待〉，《展望》（第14期），1960年1月號，頁18。

有感於左舜生等人創辦的《自由人》停刊，認為香港失去一份以敢言見稱的報刊，所以希望台灣的反對黨組成後，樹立批評風氣，否則難以實現真正的民主。[129]

一九六〇年九月，雷震希望組成「中國民主黨」，卻惹來民國政府誣陷之局，雷震、劉子英及馬之驌被捕，史稱「雷案」。司馬璐回憶在一九五〇年代初，雷震代表民國政府來港，慰問香港人們，苦心解釋民國政府處境及立場，表達民國政府反攻大陸的決心。可是，十年過去，雷震被捕，令司馬璐非常感慨。[130]

（六）《展望》與香港前途

一八九八年，中國與英國簽訂《新界界址拓展專條》，英國得以租借新界，為期九十九年。直到一九七〇年代末，英國在新界的租約尚餘大概二十年，所以連帶香港的前途何去何從，是繼續由英國管治，還是由其他地方管治，成為當時一大難題，形成日後「香港前途問題」的爭議。中共指出香港政權移交後，可以享有「港人治港」的權利。然而，《展望》讀者認為「港人治港」之說，其實有三個含意：

1. 香港居民以民主制度選舉行政人員。

2. 香港的中共黨人統治香港。

3. 區議會制度。[131]

讀者有上述想法，顯然是中共對「港人治港」的定義模糊不清，才有上述懷疑。自一九八〇年代起，「香港前途問題」的爭議，加上一九八九年「六四事件」的發酵，引發「移民潮」，都是不少《展望》讀者的心聲。

129／丁易〈自由人．反對黨．蔣經國等等〉，《展望》（第20期），1960年8月號，頁3。

130／司馬璐〈慶雙十、懷雷震〉，《展望》（第22期），1960年10月號，頁3。

131／張常人〈關於「港人治港」之愚見〉，《展望》（第501期），1983年1月1日，頁3。

香港除了「移民潮」加劇外，原有的「三權分立」、「法治精神」等核心價值都陸續探討。《展望》引述前大律師公會主席李柱銘發言，指出香港理應保障司法獨立，而且港府應該將香港法律本地化，[132]可見「香港前途問題」帶來的問題陸續浮現。

由於「香港前途問題」一直醞釀，所以司馬璐決定移民美國。一九八三年十二月一日，《展望》出版最後一期，便告停刊，合共出版五百一十二期，自聯出版社也隨之結業。

132／李柱銘〈港人治港行得通嗎？〉，《展望》（第511期），1983年11月1日，頁7-8。

第六節

亞洲出版社：出版影業　成就不凡

（一）張國興的背景

亞洲出版社的開始，與張國興有莫大關連。二次大戰時，張國興曾入讀西南聯大政治系，後來因病休學，前往印度，擔任聯軍翻譯，調查日本信件，為中國提供情報，返回中國後繼續讀書，並於一九四五年畢業。張國興畢業後，在重慶的中央通訊社擔任記者，其後被調往南京，一年後在美國新聞機構「合眾社」任職，報道國共和談，國共形勢逆轉等事情，獲得美國人的信任。

一九四九年四月二十三日，南京淪陷，張國興率先報道此事，後來受中共干預，發稿受阻。八個月內，張國興不能明查，只能暗訪，慢慢記錄實況。一九四九年底，張國興一家五口，經上海、廣州等地，輾轉抵港，為美國合眾社撰寫二十二篇通訊，成為國共內戰後期的重要史料，後來改篇成書——《竹幕八月記》（Eight Months Behind The Bamboo Curtain），暢銷全球。

（二）亞洲出版社的起始

美國非常重視張國興的記者身分，希望與張國興合作，一是可以得到亞洲地區的情報，二是可以在香港宣傳反共訊息，成為亞洲出版社創辦的先聲。起初的亞洲出版社，職員既少，編輯人員亦少，主要售賣外版書籍、雜誌、文具、體育用品等，與其他「第三勢力」出版社的業務不盡相同。

在美國福特基金會及自由亞洲委員會資助下，亞洲出版社每年獲得約六十萬元資助，於是張國興在一九五二年九月二十日，於銅鑼灣怡和街的鬧市中，設立亞洲出版社的門市，張國興任職社長，蘇源昌任總經理，黃震遐任總編輯，司馬璐及楊仲碩任副總編輯，趙滋蕃任文學作品評審，李建白任政經作品評審，可見張國興嚴選人才，令人事分工妥當。

其後，亞洲基金會與張國興聯絡，資助張國興出版具有時代意義的作品，於是張國興除了出版司馬璐的《鬥爭十八年》（中、英、日、印四種譯本）外，還出版一系列的文學書籍，例如：徐訏的《神偷與大盜》、南宮搏的《桃花扇》、謝冰瑩的《聖潔的靈魂》、黃思騁的《河邊的悲劇》、傑克的《山樓夢雨》、沙千夢的《長巷》等，所以張國興視之為「中國的文藝復興」，促使亞洲出版社推出數百本著作，成為香港文壇重鎮。[133]

133／趙滋蕃稱「亞洲出版社，於一九五一年成立」，或為手民之誤。參閱前引趙滋蕃《文學原理》，頁605。

有評論指：亞洲出版社之所以成功，甚至成為「第三勢力」三大出版社（另外兩所是自由出版社及友聯出版社）之一，原因是自由出版社內部龐雜，出版物水準參差；友聯出版社則過於年輕化，出版物欠缺方向；亞洲出版社則致力出版文學作品，目標清晰。[134]先從一九五二年十月至一九五五年九月分析，亞洲出版社創辦三年以來，是發展的首個階段，出版作品眾多，可分為八個類別：

1. 學術著作：唐君毅《心物與人生》、殷海光《邏輯新引》等
2. 專題研究：丁淼《中共文藝總批判》、黃公覺《民主與極權理論之比較》等
3. 人物評傳：鄭學稼《魯迅正傳》、史劍《郭沫若批判》等
4. 翻譯名著：雷神父著、李潘郁譯《中國赤潮記》、費吳生夫人著、湯象譯《台灣灘頭堡》等
5. 報告文學：司馬璐《鬥爭十八年》、許瑾《毛澤東殺了我的丈夫》等
6. 文藝創作：沙千夢《長巷》、趙滋蕃《半下流社會》等

7. 童話故事：韋琴《森林裡的故事》、楊叔靄《不要陽光的巨人》等

8. 連環圖畫：雷雨田繪著《烏龍王靠攏記》、蔡漢生繪著《突擊南日島》等

上述八項除了童話故事外，目標都是以成年讀者為主。亞洲出版社有上述決定，目的是要豐富閱讀內容，堅定自由人士的信心，維護人權自由，且要繼承民族文化傳統，重建愛國精神，從而促進港、台及海外的文化交流，[135] 所以慕容羽軍指出亞洲出版社「目標清晰」，事實的確如此。

一九五四年四月十三日，亞洲出版社改組為有限公司，成立董事會，以「宏揚自由文化，砥礪士風」為宗旨，從不干預職員私人生活，並實行「保險版稅制度」，成為遠東地

134／前引慕容羽軍〈五十年代的香港文學概述〉，頁 178。

135／〈五年來之亞洲出版社〉，《亞洲畫報》（第 54 期），1957 年 10 月，頁 29。

區首個採用這個制度的機構，保障作者收入，維護作家權益，作者不用顧慮生活，得以安心寫作，受惠的作者多達二百六十多人。[136]

一九五三年一月三十日，張國興設立亞洲通訊社，出版《亞洲通訊》，編採新聞，後由黃握中負責編務。直至一九五七年九月上旬，《亞洲通訊》共發行二百四十二期，約一百七十萬言，著重準確客觀的報道，維持新聞學的一貫風格，態度嚴謹，獲得三十多家海外華僑報章支持，採用其稿，亞洲地區包括：台灣、耶加達、馬來亞、南越、泰國、緬甸、菲律賓等地；美洲報章亦有十餘家，包括：加拿大、美國、墨西哥、秘魯、巴拿馬等，成為亞洲出版社主要的宣傳渠道。[137] 由此可見，亞洲出版社作風務實，初以出版及傳媒為主要工作，服務社群，有口皆碑。

（三）亞洲出版社的發展

一九五五年十月至一九五七年九月，是為亞洲出版社發展的第二個階段。一九五五年，亞洲出版社在九龍設分店（窩打老道六十九號A1），加強宣傳效果，又開始調整出版方針，編寫兒童少年叢書，搶佔青少年市場，翻譯外國著作，介紹通俗科學，目的是啟發中、小學生的智慧，以補正規學校的不足，令青少年喜歡閱讀，例如：童話故事的《擦鞋仔》及《唐太宗》，是香港社會服務聯會徵文獲獎的首二名佳作，[138]亞洲出版社將兩篇文章刊印成書，滿足兒童的求知慾，並將其他兒童圖書分為以下三個級別：

1. 初年級（五至七歲）：出版《小麻雀》、《小水滴》等十六種圖書，以圖為主，以文為輔，彩色精印。
2. 中年級（八至九歲）：出版《家畜談話會》、《我的週記》等十種圖書，重視三育（德、

136／同上，頁28。
137／同上，頁28-29。
138／同上。

智、群）發展，教導兒童。

3.高年級（十至十二歲）：出版《發明家的故事》、《小朋友尺牘》等十九種圖書，啟發少年。[139]

亞洲出版社又出版少年叢書，包括：名人傳記、歷史故事、文藝創作、科學故事及民間故事五輯，是為輔助中學程度之讀物，例如：《中國英雄傳》、《新莽的悲劇》、《梁啟超》等十七種書籍。[140]整體而言，亞洲出版社推動兒童文學，有以下五個目的：

1. 注重知識教育，以補正規教育之不足。
2. 追求民族文化、精神與德性教育一致。
3. 啟發兒童、少年個性之自由發展。
4. 培養兒童、少年之判斷力與責任心，使對是非美醜善惡有正確之認識。
5. 指出全人類應和諧共處，互助同榮。[141]

由此可見，亞洲出版社對兒童身心發展，的確有莫大幫助，與家長著重兒童教育的觀念無異。亞洲出版社規模龐大，人才眾多，致力啟發兒童思考，有助兒童尋找個人興趣，身心得以健康發展。截至一九五七年九月，亞洲出版社出版叢書達二百五十本，作者群多達二百六十二人，有助推動香港的閱讀風氣。

此外，亞洲出版社分社遍佈各地：一九五三年二月成立澳門總經銷處，設免費閱覽部及借書部；一九五五年四月成立台灣分社；一九五七年十月成立東南亞業務代表辦事處於星洲，期間在新加坡、曼谷、仰光、西貢、紐約、東京等地亦設分社，推廣業務，[142]反映

139／同上。
140／同上。
141／同上。
142／同上，頁28、30。

亞洲出版社與各地的良好關係。

（四）《亞洲畫報》的發行

一九五三年五月，亞洲出版社創辦《亞洲畫報》，張國興任督印人，蔡漢生任主編，以月刊形式發行，每月免費贈閱《亞洲通訊》，以「一書兩冊」的形式，增加銷量。與此同時，亞洲出版社增聘人手，令寫字樓不敷應用，於是擴充怡和街的社址，充實門市。門市與友聯一樣，都設有小型的圖書館，以饗讀者，每天聚集四、五百人們閱讀，[143]成為香港人擴闊視野，增進知識的寶庫。

亞洲出版社出版的刊物——《亞洲畫報》，內容廣泛，以報道娛樂消息為主，以評論時政為副。有時候，張國興更親自撰文，針砭時弊，曾以「蔣總統陳副總統就職」為題，贊成蔣介石三連任，減輕蔣介石的負面影響，[144]又曾為「雷震案」抱打不平，為雷震被判刑十年，表達不滿。[145]上述事情，反映亞洲出版社雖接受美國資助，但是與「第三勢力」

立場不盡相同。

《亞洲畫報》除了娛樂及時事專題外，還有小說創作，于肇怡、潘柳黛等人都曾在《亞洲畫報》撰文，題材眾多，所以畫報銷量節節上升，由一萬二千份增至三萬多份，位列遠東巨型畫報銷量第一名。[146] 一九六三年五月，亦即《亞洲畫報》創刊十周年之際，張國興創辦星馬版的《亞洲畫報》，[147] 實為《亞洲畫報》暢銷的又一例證。

一九六一年，黃震遐及蔡漢生相繼離職，張國興兼任《亞洲畫報》總編輯一職，主編

143／同上，頁 28-29。
144／張國興〈蔣總統陳副總統就職〉，《亞洲畫報》（第 86 期），1960 年 6 月，頁 5。
145／張國興〈由雷案談到言論自由與法治〉，《亞洲畫報》（第 90 期），1960 年 10 月，頁 3。
146／前引〈五年來之亞洲出版社〉，頁 29。
147／〈亞洲畫報十週年〉，《亞洲畫報》（第 119 期），1963 年 3 月，頁 3。

一職則由趙滋蕃擔任。一九六三年十二月，陳再思接任《亞洲畫報》主編，原因是趙滋蕃的著作《重生島》批評英國，以致趙滋蕃被列為香港「不受歡迎人物」，被迫離港，由「救總」接到台灣定居。自此以後，《亞洲畫報》開始步進衰退期，直至一九七〇年代停刊。

（五）亞洲影業公司的起落

一九五三年七月十六日，張國興成立亞洲影業有限公司（下稱亞洲影業），自任總經理，程邦華擔任經理，主持業務；徐昂千擔任副經理，主持製片工作，並租用北帝街的南洋片場拍攝，希望人們觀看富有教育意義的節目。亞洲影業與《亞洲畫報》互相宣傳，期望達到雙贏局面。

從一九五三年九月開始，亞洲影業拍攝《傳統》，表達抗日思想，其後拍攝《楊娥》、《滿庭芳》等電影。直至一九五四年，南洋片場拆卸，亞洲影業再租用鑽石山大觀片場，[148]持續運作。一九五六年五月，亞洲影業製片廠、辦公室及片場設於斧山道，[149]佔地一萬五千尺，攝影、錄音、照明一應俱全，故有「袖珍萬能片場」的稱號。其後，亞洲影業開拍《三姊妹》，創下國片在香港最賣座的紀錄，作品頗受歡迎。

亞洲影業合共推出十部電影，除了《望鄉》是從韓國購入，由朴承鶴監製外，其他九部香港本土電影，都是張國興監製，作品詳見〈表十八〉。

不少亞洲影業的劇本多是小說改編，再拍成電影，包括：徐訏《傳統》、沙千夢《長巷》、趙滋蕃《半下流社會》等，這些著作都是亞洲出版社出版。當電影上映後，小說及電影便可互相宣傳，一舉兩得，再加上《亞洲畫報》的配合，效果更是相得益彰。後來，《半

148／前引〈五年來之亞洲出版社〉，頁28、30。

149／有著作稱為「齊山道」，應為手民之誤。參閱杜雲之《中華民國電影史（下）》，台北：行政院文化建設委員會，1988年，頁529。

表十八：亞洲影業電影作品

電影	公映日期	導演	編劇	演員	殊榮
傳統	10-5-1954	唐煌	徐訏	王豪 劉琦	參展第一屆（1954）東南亞電影節
楊娥	17-2-1955	洪叔雲	易文	劉琦 羅維	
長巷	28-10-1956	卜萬蒼	羅臻	陳燕燕 王引 葛蘭	第三屆東南亞電影節最佳編劇龍柱金像獎
金縷衣	14-12-1956	唐煌	易文	葛蘭 劉恩甲 鍾情	
半下流社會	8-3-1957	屠光啟	易文（改編）	張瑛 劉琦	
愛與罪	4-4-1957	唐煌	吳鐵翼	王豪 葛蘭 阮兆輝	
滿庭芳	11-4-1957	唐煌	梅可瑜	陳厚 楊明、鍾情 吳家驤	
三姊妹	18-4-1957	卜萬蒼	張立	張仲文 胡金銓	參展第四屆（1957）亞洲電影節（前身為東南亞電影節）
望鄉	1958	鄭昌和		梁美姬 上官清華	

下流社會》成為一九五〇年代的名著，帶出為了逃避國共內戰戰火，流落香港的知識分子，為了三餐溫飽：做苦工、打石子、睡梯角……，也在所不惜，表現大陸難民來港後掙扎求存的一面。

亞洲影業製作認真，要求嚴格，以《半下流社會》為例，拍攝前就要先繪圖，再構思，[150] 所以亞洲影業需要用半年時間，才可完成一部電影。換句話說，導演在一年之內，難以拍攝三部電影。當時，香港的「七日鮮」（拍攝時間短的電影）盛行，確實有濫竽充數之嫌，質素難與亞洲影業的作品相提並論。亞洲影業避免「七日鮮」的粗製濫造，提高作品質素，所以《長巷》批評傳統「重男輕女」的觀念，獲得「第三屆東南亞電影節最佳編劇龍杜金像獎」，的確實至名歸。

150／同上，頁528。

亞洲影業贏盡口碑，捧紅《三姊妹》的張仲文，以及《半下流社會》的劉琦，劉琦因而獲得「東方瑪麗蓮夢露」的美譽。亞洲影業光輝的歷史，都是張國興的功勞。後來，張國興受民國政府委託，收購永華電影公司，以解決其經濟困境。[151]可是，到了一九五八年，亞洲影業不再獲美國資助，只好暫停業務，並將製片廠租借給電懋，結束亞洲影業輝煌的時光。

（六）亞洲出版社的結束

一九五九年，美國縮減自由出版社及友聯出版社的資助，亞洲出版社也難以倖免，於是民國政府建議資助亞洲出版社的紙張，以便印刷。情報人員認為只要資助亞洲出版社，印刷量此消彼長之下，令自由出版社及友聯出版社難以營運。[152]可是，亞洲出版社日漸萎縮，非民國政府所能挽救，一九六〇年代減少出版，一九七〇年代將《亞洲畫報》停刊，出版幾近停頓。

二〇〇二年五月十七日，亞洲出版社正式結束營業；二〇〇三年二月十四日，亞洲影業亦取消登記。二〇〇六年二月二日，張國興逝世，享年八十九歲。張國興一生默默耕耘，身體力行，出版有意義的書刊，製作高質素的電影，令亞洲出版社及亞洲影業名垂千古，張國興可謂居功至偉。

151／前引漢元《香港的最後一程》，頁152。

152／前引〈為本黨對香港文化宣傳工作〉，《總裁批簽》。

第七節

今日世界出版社：軟性宣傳　民主自由

（一）麥卡錫的背景

今日世界出版社的成立，與友聯出版社的成立過程相近，都有賴於麥卡錫的協助，才可成事，可見不少美國資助的出版社，都與麥卡錫有密切關係。麥卡錫多被稱呼為迪克（Dick），愛荷華大學畢業，主修美國文學，對文學有濃厚興趣，[153]日後與今日世界出版社的創立、和友聯衷誠合作、認識張愛玲等事情不無關係。麥卡錫擅長文學，出版物自然帶有文學氣息，在一九五〇年代為「第三勢力」的出版社提供翻譯歐美文學的機會，也成為香港文學發展的契機。

麥卡錫對兩岸政府缺乏好感，於是前往香港，在美國新聞處任職，歷任資訊官、副處長及處長等職。當時美國新聞處處長一職，地位等同於國務院的外務官，且有領事的地位。[154]麥卡錫不滿國共兩黨，成為協助香港不同出版社發展的一大關鍵。

麥卡錫在香港任內發表的「中國報告計劃」，詳細分析中國三強鼎立，亦即民國政府、中共和「第三勢力」之間的政治角力。麥卡錫視香港為美國在亞洲的「橋頭堡」，所以積極投資，其中工作包括：新聞製作、出版報章、雜誌、文學書籍、發表專題報道及學術論文、訪問難民等，[155]令麥卡錫身負重任。在麥卡錫的周詳計劃下，將美國新聞處發展成為美國國務院的海外機構，不少新聞都要透過美新處發佈，美新處漸漸成為海外主要的新聞來源，

153／高全之《張愛玲學：批評・考證・鉤沉》，台北：一方，2003年，頁240、354。
154／同上，頁240。
155／同上，頁241。

地位尊崇。

（二）《今日美國》的出版及結束

早在八年抗戰結束後，美國新聞處已在上海工作，後因中共建政，遷至香港發佈消息，[156] 分別在金鐘及旺角設立辦事處，將美國新聞翻譯成中文，包括：國情咨文、總統演說等，[157] 是為美國標榜人人平等，實踐民主自由的象徵。然而，美新處欠缺一份報刊，發放消息，始終是美中不足。有見及此，一九四九年十月二十六日，美新處出版《今日美國》（America Today），肩負起發佈美國資訊的任務。

《今日美國》是一份不定期刊物，部分頁面以彩色印刷，印刷精美，而且圖片豐富，質素不俗，內容有關美國歷史之外，間接指出美國鼓吹自由的一面，期間更發行「韓國問題特輯」，指出北韓發動韓戰，入侵韓國，就是「赤裸裸的侵略行為」，[158] 所以美國總統杜魯門表明將採取適當行動，阻止北韓侵略，下令美國部隊掩護韓國，聯合國亦肩負起維護和平的任務，制止北韓入侵。[159]

雖然《今日美國》能夠進口台灣，成為民國政府陣營以外的一份報刊，但是林果顯以費正清一文為例，指出費正清批評民國政府的官僚管治，忽略農民生計及學生意見，所以將《今日美國》視為民國政府的異見報刊，[160]反映《今日美國》的立場未必為民國政府所容，但是民國政府仍予以進口，或與民國政府怯於美國國力及外交事務有關，日後可以詳細探討。

156／前引盧瑋鑾、熊志琴《香港文化眾聲道》（第一冊），頁245-246。
157／余也魯《萬水千山總是詩：余也魯回憶錄》，香港：海天書樓，2015年，頁210。
158／〈韓國問題特輯〉，《今日美國》（第19期），1950年7月8日，頁1。
159／〈美國採取行動助韓國 杜魯門總統聲明全文〉，《今日美國》（第19期），1950年7月8日，頁3。
160／林果顯《1950年代臺灣國際觀的塑造：以黨政宣傳媒體和外來中文刊物為中心》，台北：稻鄉，2016年，頁171-209。

《今日美國》只有翻譯國家論述，卻沒有出版專書，加上宣傳不足，銷量自然未如理想，內容與其他「第三勢力」報刊相比，明顯是比之下去。美國新聞處於是對症下藥，以探討世界動態，發表文學作品，報道娛樂消息為號召，務求出版一份質素上乘，而且廣受歡迎的雜誌，取代《今日美國》，所以在一九五二年二月十日，《今日美國》停刊，合共出版五十五期。

（三）美國新聞處譯書部

《今日美國》改革之前，美國新聞處已在香港招聘員工，聘請宋淇、鄺文美夫婦，改革譯書部。原因是譯書部創辦五年以來，從未譯出一本書，正是譯書部的缺點所在，所以自一九五一年起，宋淇與麥卡錫肩負起改革譯書部的任務。宋淇提高稿費五至六倍，使稿費高達四百美元（約二千三百港元），招聘翻譯。另有「美國文學名著」，姚克、夏濟安、夏志清、徐誠斌、湯新楣等人擔任翻譯，[161] 譯書部出版自此源源不絕。

一九五二年，美國新聞處取得海明威《老人與海》的中文版權，宋淇夫婦登報招聘翻譯員，並與時任文化部主任的麥卡錫商量，招聘人手，後來聘請張愛玲翻譯美國文學。張愛玲翻譯一本書，就領取翻譯一本書的工資。換句話說，張愛玲是一名自僱人士，而不是美新處的職員。當時，張愛玲只是剛剛由上海抵港，居於女青年會，暫以翻譯小說維持生計。後來，張愛玲翻譯作品增多，包括：瑪喬麗．勞林斯的《小鹿》、馬克．范．道倫編《愛默森選集》、華盛頓．歐文《無頭騎士》，但仍以《老人與海》最為人稱道。期間，張愛玲寫成《秧歌》及《赤地之戀》，成為反共文學的代表作，也成為遏止毛澤東思想在亞洲蔓延的書籍，傳誦一時。[162]麥卡錫、宋淇、鄺文美及張愛玲四人在工作期間，成為好友。

161／前引張愛玲、宋淇、宋鄺文美《張愛玲私語錄》，頁5。
162／前引高全之《張愛玲學：批評．考證．鉤沉》，頁241-244。

（四）《今日世界》的發行及結束

一九五二年三月十五日，《今日世界》開始發行，以半月刊形式出版，是為《今日美國》的後續，是美國新聞處一大工作。美新處另一工作是創辦今日世界出版社，成為文化部轄下部門，[163]為美國塑造良好形象，翻譯文學作品，及後印刷成書。《今日世界》的內容比《今日美國》豐富，起初主要宣傳自由民主精神，抗衡共產主義的擴張，例如：第一篇文章就是以〈民主政治的發展〉為題，開宗明義地指出民主政治要克服障礙，否則政治不但沒有進步，還要倒退數千年，[164]突顯美國與蘇聯在冷戰時代對決的特點。

如上所說，「細菌戰」一詞弄成的風風雨雨，以致世界各國惶恐不安，除了徐東濱能夠以著作還擊外，其他多是批評乏力，如以《今

《今日世界》

日世界》為例，甘乃悌只能寫出「細菌戰」是共產主義的陳舊技倆，並說明各種疫症（霍亂、鼠疫、肺炎等）的癥狀，[165]正是難以爭取普羅大眾支持的力證。於是，美國需要倚靠友聯出版社之助，回應「細菌戰」一說，才能發揮成效。

《今日世界》一改《今日美國》的編輯方針，除了宣傳反共思想外，還會加入不少中華文化的題材，例如：易君左〈鄭成功與吳鳳〉、勞榦〈中國書籍形成的進展〉、程靖宇〈大哉孔子〉等。以易君左一文為例，就是要從民族角度出發，指鄭成功及吳鳳是「民族英雄」，以此鼓勵身在台灣的華人，[166]需要自強不息。易君左一文有雙重意義，一是提倡民族主義，

163／前引盧瑋鑾、熊志琴《香港文化眾聲道》（第一冊），頁236。
164／〈民主政治的發展〉，《今日世界》（創刊號），1952年3月15日，頁1。
165／甘乃悌〈科學、宣傳、「細菌戰」〉，《今日世界》（第3期），1952年4月15日，頁22-23。

激勵士氣；二是借鄭成功堅守台灣，抵抗滿清的例子，勉勵民國政府。

其後，《今日世界》開闢學生專欄，鼓勵學生投稿，既可豐富稿源，又可宣傳理念，吸引岑崑南、劉國堅、羅炳綿等人紛紛投稿。當時，他們只是中學生，後來分別成為著名作者及歷史學家。由此可見，《今日世界》傳播中華文化，給予學生們投稿的機會，內容趨向多元，成效卓著。

《今日世界》的內容比《今日美國》更為廣泛，題材豐富，印刷更為精美，為讀者增廣見聞，銷量自然與日俱增。《今日世界》印刷二十萬份刊物，銷量竟高達十七萬份，單以台灣為例，便有八萬份之多，[167]傳播消息迅速，影響層面甚廣，反映《今日世界》非常暢銷。況且，一九五二年末，艾森豪威爾當選美國總統，致力宣傳美國政策，雖然減少對「第三勢力」在政治及軍事上的援助，但是在文藝方面依然絕不手軟，盼能起「軟性攻勢」，以文字塑造美國開放自由的一面，成為《今日世界》工作的主要目的，與其他「第三勢力」的工作不盡相同。

自一九五四年起，《今日世界》刊載張愛玲的《秧歌》及《赤地之戀》。其中，胡適認為《秧歌》「很有文學價值」，認同《秧歌》是「接近平淡而自然的境界」。[168]兩部小說都以中共為題材，環繞土改、三反、韓戰等後果，以《秧歌》為例，寫出農民的困境，上級卻強行徵糧，引發村民暴動，使農民家破人亡。張愛玲曾在中國大陸生活，深入認識中共本質，所以寫作時得心應手。一九五六年，《赤地之戀》在友聯出版社的協助下，由邱然寫導論後出版。[169]直至目前，張愛玲兩部作品依然廣為流傳。

當時，美國新聞處將全球事務分為三個部分：一是今日世界出版社，屬於文化部；二

166／易君左〈鄭成功與吳鳳〉，《今日世界》（第7期），1952年6月15日，頁12-14。
167／羅森棟〈傳播媒介塑造映象之實例研究〉——「今日世界」塑造中國人對美國良好映象之方法〉，台北：國立政治大學新聞研究所碩士論文，1970年，頁10。
168／張愛玲《惘然記》，台北：皇冠，2010年，頁8。

是《今日世界》，屬於新聞部；三是新聞部的公關宣傳，[170]香港成立今日世界出版社，出版《今日世界》，顯然就是美國新聞處兩大工作，宣傳美國文化，講授美國歷史與文學，叢書部更出版一百多部圖書，成為冷戰時期必不可少的書籍，風行全球。叢書部職員眾多，胡菊人正是其中一人，負責聘請翻譯人員。[171]

一九六〇年代中，胡菊人辭任叢書部一職，到《明報月刊》工作。戴天回港後，接替胡菊人一職，後來擔任今日世界出版社總編輯。[172]後來，今日世界出版社更展開翻譯計劃，邀請作家翻譯文稿，包括：姚克、思果、夏志清、夏濟安、劉以鬯、劉紹銘等，出版各式各樣的文學作品，如張愛玲譯的《鹿苑長春》、劉以鬯譯的《人間樂園》等，都是上乘之作。

後來，香港經濟起飛，資訊日趨發達，反而令《今日世界》的銷量不升反跌，時至一九七六年，《今日世界》的銷量只有約七萬二千五百份，[173]遠較十七萬份的高位，少了約十萬份。事實的確如此，當香港人接收資訊的途徑增加，報刊的生存空間變相減少，價值亦不復當年，《今日世界》也不例外。一九七九年一月，隨著美國與中華民國政府斷交，改與中共建交，《今日世界》在香港及台灣的影響力隨之下降，地位仍難復舊觀。再者，標榜彩色及精美印刷的報刊日漸盛行，令彩色印刷的《今日世界》忽然比之下去，難以轉虧為盈。所以直到一九八〇年十二月，《今日世界》發行最後一期後停刊，合共出版五百九十八期。再者，香港在一九八〇年代起，失去「橋頭堡」的作用，令今日世界出版社日漸式微。一九八〇年代中，今日世界出版社宣告結業，結束香港三十多年的業務。

169／前引高全之《張愛玲學：批評．考證．鉤沉》，頁242。
170／前引盧瑋鑾、熊志琴《香港文化眾聲道》（第一冊），頁249。
171／同上，頁226-227。
172／同上，頁249。
173／《今日世界》（第539期），1976年1月號，頁63。

第八節

再生出版社：復刊《再生》專注論述

（一）《再生》的出版背景

早在一九三二年六月，《再生》已在上海出版，是為國家社會黨黨刊，張君勱、張東蓀、梁實秋等人都曾為《再生》撰稿，以復興中華民族、解決國家的內憂外患為己任，提出一個為國家紓憂解困的方案。[174]後來，國家社會黨改組成民主社會黨，提倡社會民主主義，《再生》自此成為民社黨黨刊。一九四九年，共軍攻佔上海，《再生》休刊。[175]

王厚生及劉裕略等民社黨人逃難來港，創辦再生出版社，籌備《再生》復刊，使《再生》成為民社黨在香港的機關刊物。一九四九年十月十五日，《再生》在香港復刊，以王厚生擔任督印人，力倡民主，在政治制度上追求理性，文化上追求進步，[176]是為「第三勢力」其中一份刊物。

（二）《再生》在香港復刊

王厚生在《再生》發表不少「第三勢力」的理論，指出「第三勢力」是民眾的力量，期望「第三勢力」為未來社會帶來安定，期望將「第三勢力」發展成民主勢力，代表群眾建立的力量，[177]並指出「第三勢力」有四大使命：

174／〈啟事一〉，《再生》（第2期），1932年6月20日，頁1。
175／〈中國民主社會黨對時局宣言〉，《再生》（第251期），1949年4月1日，頁15。
176／〈發刊詞〉，《再生》（第253期），1949年10月15日，頁1。
177／王厚生〈第三勢力與憲政〉（下），《再生》（第264期），1950年4月1日，頁3-4。

1.反極權主義的使命。即與一切反民主主義，反自由主義的惡勢力對抗。

2.排除外來侵略勢力的使命。即國家統一的完成，亦民國史上第二次的民族獨立革命。

3.拒絕舊的腐化勢力的使命。即積極擁護新的進步分子出頭，不令舊的腐化勢力再操四億民眾的生殺予奪權。

4.憲政救國的使命。即循政治談判之方式解決國事。軍隊國家化、中央與地方採分權制，由憲法規定分權之範圍。[178]

從四大使命中可見，王厚生認為「第三勢力」是一個反對極權，反對外來侵略，反對國共兩黨的腐化勢力，務求實行憲政的組織，藉此宣揚「第三勢力」支持民主自由的理念。可惜的是，《再生》不能在中國大陸發行外，自在一九五〇年五月一日起，也被禁止在台灣發售。[179]

張君勱身為民社黨的主席，希望透過不同渠道，為「第三勢力」爭取成為民國政府的一員：既致函雷震，建議民國政府應該容許反對黨組成；[180]又致函謝澄平，認為「第三勢力」不能像民主同盟「在國共夾縫中討生活」，甚至指出中國的民主思想，不是靠國民黨及民主同盟，而是靠手無寸鐵的青年黨與民社黨發揚光大，[181]但都不得要領，原因是民國政府恐怕「第三勢力」日益壯大，因而禁止《再生》、《自由陣綫》等報刊在台灣發售。

回顧一九五〇年代的《再生》，就知道「第三勢力」人士的想法各有不同，以孫寶毅為例，認為自由與民主為「第三勢力」的目標，繼而假設「第三勢力」沒有美國資助，隨時會山窮水盡，但是無論如何，也應該站起來。[182]換句話說，要假設「第三勢力」沒有美國資助，即是暗示「第三勢力」當時已有美國資助。以《再生》為例，上文曾指出《再生》

178／同上，頁6。
179／王厚生〈「再生」的倔強和抛執〉，《再生》（第268期），1950年6月1日，頁2。
180／張君勱〈致雷儆寰書論反共應從國民之個人的與集體的覺悟做起〉，《再生》（第268期），1950年6月1日，頁8。
181／張君勱〈致謝澄平書論第三勢力之精神條件〉，《再生》（第268期），1950年6月1日，頁9。
182／孫寶毅〈第三勢力如何團結起來〉，《再生》（第270期），1950年7月1日，頁7。

每月獲得八千美元的資助，就是其中一個重要例證。無論「第三勢力」有沒有資助，都要樹立一面旗幟。

許冠三以于平凡的筆名撰文，認為民主運動「是不可能先有長期的文化思想運動，再去展開政治鬥爭的。」又建議「把軍事力量絕對的置於政治機構控制之下。」[183]許冠三暗示當時「第三勢力」的政治活動發展停滯不前，理應趕上文化運動的步伐，加強管理軍事組織，使「第三勢力」的政治、軍事和文化三方面發展，才可並肩前進。

上述文章有助我們了解《再生》對「第三勢力」的想法，反映《再生》的理論地位絕不下於《自由陣綫》，值得讀者注意。

(三) 再生出版社的結束

從上文可見，再生出版社以出版《再生》為主，發表「第三勢力」的論述也依靠《再生》，很少出版其他報刊及專著，令不讀報刊的人難以接觸他們的想法，是再生出版社的致命傷。直至一九五〇年代中後期，《再生》的美援斷絕，經費無著，加上王厚生在一九五五年九月離任，《再生》便開始衰落。即使張君勱設法為《再生》籌募經費，每月資助一百美元，由劉裕略代為使用。一九五七年二月起，《再生》獲得自由出版社每月資助六百港元，也無法與昔日每月獲得八千美元相比，而且銷量只有約一千份，[184]難以維持收支平衡。

即使張君勱曾在一九五二年及一九五八年短暫來港，甚至找到冷靜齋教授擔任《再生》督印人，也不足以提升《再生》的發行量，所以到了一九六〇年六月，《再生》停刊，再生出版社亦結束營業。

183／于平凡〈從何處來？從何處去？〉（下），《再生》（第299期），1951年9月16日，頁7-9。
184／前引《匪偽僑務簡報》（第27期），頁4。

第九節

兩岸夾縫　絕處逢生：「第三勢力」文化事業小結

前文回顧的九間「第三勢力」出版機構，可視為「第三勢力」文化方面的發展重鎮，雖然各有特色，但細心觀察之下，不難發現以上出版社有部分共通點如〈表十九〉。

上述九所出版社，只有最後三所出版社不是從自由出版社而來，並且各有經濟能力，所以都不是在鑽石山創辦，而在市區創辦。至於首六所出版社，除了自聯出版社在尖沙咀創辦外，其他五所出版社都在鑽石山創辦，起初較為貧窮，然後各有發展，所以本文一再強調，「第三勢力」活躍於鑽石山、大磡村、牛池灣村等當時九龍市區邊緣地帶，然而人才輩出，實力不容忽視。

表十九：「第三勢力」出版社創辦人物及地址

出版社	創辦人物	創辦地址
1　自由出版社	謝澄平	鑽石山下元嶺 152 號
2　友聯出版社	邱然、史誠之、胡越、許冠三等	鑽石山大觀路 16 號
3　平凡出版社	許冠三	鑽石山大觀路 16 號
4　人人出版社	許冠三、孫述憲	鑽石山大觀路 16 號
5　高原出版社	徐速、劉威、余英時	鑽石山下元嶺 1 巷 4 號
6　自聯出版社	司馬璐	彌敦道 54-64 號美麗都商場 2 樓 74 室
7　亞洲出版社	張國興、黃震遐	銅鑼灣怡和街 88 號
8　今日世界出版社	宋淇	香港花園道 26 號
9　再生出版社	王厚生	九龍城沙浦道 39 號

為甚麼友聯出版社、人人出版社、平凡出版社都用同一個地址呢？據筆者分析，因為當時出版社的創辦人非常貧窮，所以用自己的住址登記。換句話說，三所出版社的地址就是同一人的住所，而與三所出版社有關的人物，就只有許冠三一人，登記地址就是：鑽石山大觀路十六號。許冠三離開友聯後，再用這個地址，創辦人人出版社及平凡出版社，構

成「第三勢力」出版社系統的雛型。

「第三勢力」文化方面，除了創辦出版社外，還有不少報刊發行，影響著「第三勢力」陣營在一九五〇年代的發展。筆者按「第三勢力」報刊在一九四九年後發行的次序，製成下〈表二十〉。

上述三十六份報刊有助我們了解「第三勢力」陣營的發展，當中以《自由陣綫》最為聲勢浩大，使謝澄平成為「第三勢力」文化界的啟導人物。後來友聯出版社的《中國學生周報》、《祖國周刊》等，其中不乏「第三勢力」的資料，有助考證。值得一提的是，上述不少報刊因為年代久遠，或已散佚，例如：《民主與自由》、《人言報》等，都是坊間罕見的報刊，加上不少報刊都旋起旋滅，我們不妨仔細找尋，對研究或有幫助。

「第三勢力」文化方面組織迅速發展，出版報刊是不可或缺的一環，加上港府不甚干預出版業，使中華文化、自由思想在兩岸的夾縫中，絕處逢生，令香港成為中西文化薈萃

表二十之一：「第三勢力」陣營創辦報刊

報刊	創辦日期	負責人 / 機構
1 《中聲日報》	1949 年 9 月 1 日	李菁林、謝澄平、左幹忱
2 《再生》	1949 年 10 月 15 日	王厚生
3 《今日美國》	1949 年 10 月 26 日	美國新聞處
4 《自由陣綫》	1949 年 12 月 3 日	左舜生、謝澄平
5 《前途》	1950 年 3 月 1 日	丁文淵、王聿修
6 《大道》	1950 年 4 月 20 日	顧孟餘
7 《民主與自由》	1950 年 11 月 11 日	孫寶剛、孫寶毅
8 《中聲晚報》	1951 年 2 月 14 日	謝澄平、丁廷標、左幹忱
9 《今日》	1951 年 3 月 10 日	顧孟餘、陳伯莊
10 《獨立論壇》	1951 年 4 月 1 日	黃宇人、甘家馨、涂公遂
11 《中國之聲》	1951 年 10 月 11 日	張國燾、李微塵、林伯雅
12 《人言報》	1951 年 10 月	程思遠、徐念慈
13 《民主勢力》	1951 年 12 月 1 日	黃旭初
14 《華僑通訊》	1951 年 12 月	羅吟圃
15 《今日世界》	1952 年 3 月 15 日	宋淇、鄧樹勛
16 《人人文學》	1952 年 5 月 20 日	孫述憲、黃思騁、力匡
17 《主流》	1952 年 7 月 20 日	羅夢冊
18 《中國學生周報》	1952 年 7 月 25 日	余德寬、余英時、奚會暲等

表二十之二：「第三勢力」陣營創辦報刊

報刊	創辦日期	負責人 / 機構
19《祖國周刊》	1953 年 1 月 5 日	陳濯生、胡越、陳建人
20《兒童樂園》	1953 年 1 月 15 日	閻起白、羅冠樵
21《亞洲通訊》	1953 年 1 月 30 日	張國興、黃握中
22《亞洲畫報》	1953 年 5 月 1 日	張國興、黃震遐、趙滋蕃
23《國是》	1953 年 5 月 1 日	郭永恆
24《生活》	1953 年 5 月 23 日	郭永恆
25《自聯通訊稿》	1953 年 9 月 1 日	司馬璐
26《新社會》	1954 年 1 月	孫寶剛、馬煥然
27《文學世界》	1954 年 4 月	黃天石
28《大學生活》	1955 年 5 月 5 日	古梅、孫述宇、楊遠、林悅恆等
29《海瀾》	1955 年 11 月 1 日	徐速、力匡
30《少年周刊》	1956 年 3 月 25 日	徐速
31《亞洲導報》	1957 年 9 月 4 日	張國興、黃震遐
32《銀河畫報》	1958 年 3 月 1 日	常友石、李國鈞
33《聯合評論》	1958 年 8 月 15 日	黃宇人、左舜生
34《科學世界》	1961 年 1 月 1 日	劉甫林
35《祖國月刊》	1964 年 4 月	徐東濱
36《中華月報》	1973 年 1 月	徐東濱、林悅恆

的地方。由此可見，「第三勢力」是研究「香港流亡史」的重要課題，標誌著「第三勢力」出版社和報刊在香港發展的過程。

「第三勢力」陣營的知識分子相繼成立出版社，發展出版業務，發行報刊，出版書籍，開設門市，使不少年青人得以創業，振興香港出版業務。一九五〇年至一九五九年，雖有人人出版社及自由出版社結業，但可說是「第三勢力」出版業的黃金時期。

或許有人認為「第三勢力」接受美國資助，就是外國勢力干預內政。然而，徐復觀曾經指出：「智識分子要有所作為，也需要人家的援助，尤其美國的援助，這是絕無問題的。」換句話說，外國資助絕不是一種恥辱，反而是怎樣善用資助，作育英才，才是我們應該注意的事情。

跋

本書以「第三勢力」為重心，敘述一段「香港流亡史」，為逃亡香港的難民著書立說，也為寫下一九五〇年代「香港流亡史」的重要一頁，打破中國現代史研究上，多以國民黨、共產黨為主線的做法，突破「二分法」的政治框架，思考「第三勢力」的未來出路。

「第三勢力」的歷史距今超過半世紀，從政治及軍事上評論，的確接近一事無成，昔日軍政要員（張發奎、顧孟餘、許崇智等）在國民黨和共產黨以外，樹立一面「反蔣反共」的旗幟，貌似團結，內部卻分崩離析，勾心鬥角，與爭取民主自由的理念相違。以蔡文治為例，在香港招兵買馬，到海外發展軍事力量，但是急於求成，空投失誤，害己害人，以致失敗，令我們鑑古推今。

幸而，「第三勢力」尚有文化一途，辦得有聲有色。美國資助香港的出版業發展，從自由出版社開始，繼起有友聯出版社、高原出版社、人人出版社等機構，啟迪莘莘學子，形成一股讀書風氣，引發香港大大小小的文化活動，成為香港出版業興盛的一大原因，一洗「文化沙漠」的形象。可見「第三勢力」在不同出版社的營運下，成就香港在一九五〇年代的出版業。

時至二十一世紀，大部分「第三勢力」人士墓木已拱，我們或未能「蓋棺定論」，但是我們應該鑑古知今，以免重蹈覆轍，絕不能為往事塗脂抹粉，以致歷史成為當權者的施政工具。本文以「左右國共大局」為主題，就是要打破國、共兩黨的限制，揭示「第三勢力」過去一段屢受當權者打壓，令兩岸風雲色變的重要一幕。

附錄：參考資料

一、歷史檔案：

（一）國史館

1／《蔣中正總統文物》，〈中央報告（二）〉，入藏登錄號：002000000963A，典藏號：002-080101-00029-007。

2／《蔣中正總統文物》，〈一般資料——民國四十年（三）〉，入藏登錄號：002000001735A，典藏號：002-080200-00346-028。

3／《蔣中正總統文物》，〈對美國外交（九）〉，入藏登錄號：002000001254A，典藏號：002-080106-00031-013。

（二）國民黨黨史館

1／〈為彭昭賢同志與美國務院駐港代表可勞夫晤談及美應援我反攻意見〉，《總裁批簽》，台（40）改秘室字第0076號張其昀、唐縱呈，1951年2月15日。

2／〈為日方圖誘華人投資重建佐世保及黃旭初有轉移資金赴日企圖〉，《總裁批簽》，台（40）改秘室字第0077號張其昀、唐縱呈，1951年2月15日。

3／〈許崇智在港領導之「中國民主反共同盟」醞釀發展現況〉，《總裁批簽》，台（40）改秘室字第0083號張其昀、唐縱呈，1951

年 2 月 23 日。

4／〈中國民主反共同盟總部組織章程草案及政治綱領草案〉，《總裁批簽》，台（40）改秘室字第 0113 號張其昀、唐縱呈，1951 年 3 月 14 日。

5／〈據報中國民主反共同盟最近集會情形〉，《總裁批簽》，台（40）改秘室字第 0124 號張其昀、唐縱呈，1951 年 3 月 23 日。

6／〈據報港九所謂第三勢力活動近情〉，《總裁批簽》，台（40）改秘室字第 0193 號張其昀、唐縱呈，1951 年 5 月 8 日。

7／〈關於許崇智、張發奎等之民主反共同盟最近活動情形〉，《總裁批簽》，台（40）改秘室字第 0209 號張其昀、唐縱呈，1951 年 5 月 21 日。

8／〈據徐復觀同志函告日人對所謂第三勢力之觀感及國人在日活動情形〉，《總裁批簽》，台（40）改秘室字第 0214 號張其昀、唐縱呈，1951 年 5 月 22 日。

9／〈據報港澳最近政治活動情形〉，《總裁批簽》，台（40）改秘室字第 0272 號張其昀、唐縱呈（P.66）

10／〈據報荊磐石自美函告策劃第三勢力聯合組織及美方聯絡活動情形〉，《總裁批簽》，台（40）改秘室字第 0241 號張其昀、唐縱呈，1951 年 6 月 4 日。

11／〈與伍憲子聯絡經過〉，《總裁批簽》，台（40）改秘室字第 0276 號張其昀、唐縱呈，1951 年 6 月 29 日。

12／〈王秘書長及張資政對於伍憲子一事意見〉，《總裁批簽》，台（40）改秘室字第 0293 號張其昀、唐縱呈，1951 年 7 月 10 日。

13／〈據駐港工作同志報告：伍憲子最近動態等情報〉，《總裁批簽》，台（40）改秘室字第 0388 號張其昀、唐縱呈，1951 年 9 月 3 日。

14／〈美方在港吸收青年幹部情形〉，《總裁批簽》，台（40）改秘室字第 0432 號張其昀、唐縱呈，1951 年 9 月 24 日。

15／〈「自由中國運動」有關情報簡述〉，《總裁批簽》，台（40）改秘室字第 0445 號張其昀、唐縱呈，1951 年 10 月 2 日。

16／〈第三方面在日活動近情〉，《總裁批簽》，台（40）改秘室字第 0471 號張其昀、唐縱呈，1951 年 10 月 13 日。

17／〈自由中國運動政綱與行動要領〉，《總裁批簽》，台（40）改秘室字第 0491 號張其昀、陳雪屏呈，1951 年 10 月 24 日。

18／〈在港第三方面政治活動份子近擬赴日情形〉，《總裁批簽》，台（40）改秘室字第 0509 號張其昀、唐縱呈，1951 年 11 月 2 日。

19／〈黃旭初近在東京以李宗仁之名義發行「民主勢力」月刊誣蔑我政府情形〉，《總裁批簽》，台（40）改秘室字第 0580 號張其昀、唐縱呈，1951 年 12 月 4 日。

20／〈黃旭初在日活動近情〉，《總裁批簽》，台（40）改秘室字第 0597 號張其昀、唐縱呈，1951 年 12 月 14 日。

21／〈張君勱秘密抵港後之行動及各方反應情形〉，《總裁批簽》，台（41）改秘室字第 0178 號張其昀、唐縱呈，1952 年 4 月 15 日。

22／〈周錦朝答伍憲子問各項政治問題〉，《總裁批簽》，台（41）改秘室字第0216號張其昀，唐縱呈，1952年5月14日。

23／〈張發奎顧孟餘李璜等赴日活動情形〉，《總裁批簽》，台（41）改秘室字第0304號張其昀、唐縱呈，1952年7月21日。

24／〈伍憲子赴美之行尚未獲准簽證〉，《總裁批簽》，台（41）改秘室字第0312號張其昀、唐縱呈，1952年7月28日。

25／〈美方在港吸收青年幹部運送菲日沖繩等地訓練〉，《總裁批簽》，台（40）改秘室字第0363號張其昀，唐縱呈，1951年8月23日。

26／〈張君勱最近在美活動情形〉，《總裁批簽》，台（41）改秘室字第0420號張其昀、唐縱呈，1952年10月2日。

27／〈許崇智等擬另組政團爭取第三方面活動領導權〉，《總裁批簽》，台（41）中秘室字第0075號張其昀、張炎元呈，1952年12月26日。

28／〈「中國自由民主戰鬥同盟」在港九方面活動情況〉，《總裁批簽》，台（41）中秘室字第0076號張其昀、張炎元呈，1952年12月26日。

29／〈中國自由民主戰鬥同盟最近活動情形〉，《總裁批簽》，台（42）中秘室字第0011號張其昀、張炎元呈，1953年1月15日。

30／〈謹將所謂第三勢力最近在海外各地活動情形摘報〉，《總裁批簽》，台（42）中秘室字第0069號張其昀、鄭彥棻呈，1953年3月4日。

31／〈續將所謂第三勢力在海外活動情形摘報〉，《總裁批簽》，台（42）中秘室字第0116號張其昀、鄭彥棻呈，1953年4月6日。

32／〈中國自由民主戰鬥同盟最近活動情況〉，《總裁批簽》，台（42）中秘室字第0128號張其昀、張炎元呈，1953年4月11日。

33／〈簽報美方在港調查友聯出版社活動情況〉，《總裁批簽》，台（49）央秘字第115號唐縱、陳建中呈，1960年5月23日。

34／〈中國自由民主戰鬥同盟內部糾紛及張國燾宣告脫盟情形〉，《總裁批簽》，台（42）中秘室字第0158號張其昀、張炎元呈，1953年5月1日。

35／〈海外各地僑胞對李宗仁最近活動之反應情形〉，《總裁批簽》，台（43）中秘室登字0311號張厲生、鄭彥棻呈，1954年8月30日。

36／〈據報關于「中國自由民主戰鬥同盟」最近動態及李宗仁方面情形〉，《總裁批簽》，台（43）中秘室字第0387號張厲生、張炎元呈，1954年10月29日。

37／〈據駐港工作同志建議對張發奎張君勱顧孟餘等疏導意見〉，《總裁批簽》，台（43）中秘室字第0422號張厲生、張炎元呈，1954年12月1日。

38／〈關於共匪及第三勢力在港活動與我方今後工作部署之建議〉，《總裁批簽》，台（48）央秘字第093號張厲生、陳建中呈，1959年5月5日。

39／〈香港「中國民主反共聯盟」積極籌開海外反共救國會議情形〉，《總裁批簽》，台（48）央秘字第108號張厲生、陳建中呈，

1959 年 5 月 14 日。

40／〈對香港「中國民主反共聯盟」發動簽名「反修憲」「反連任」運動之分化疏導情形〉，《總裁批簽》，台（48）央秘字第 159 號唐縱、陳建中呈，1959 年 6 月 23 日。

41／〈為本黨對香港文化宣傳工作〉，《總裁批簽》，台（48）央秘字第 283 號陶希聖呈，1959 年 11 月 18 日。

42／〈謹就國民大會前夕海內外政治情況加以分析擬具建議意見〉，《總裁批簽》，台（49）央秘字第 041 號唐縱、陶希聖、陳建中呈，1960 年 2 月 17 日。

43／〈謹就國民大會以來海內外政治情況加以分析〉，《總裁批簽》，台（49）央秘字第 060 號唐縱、陶希聖、陳建中呈，1960 年 3 月 17 日。

44／〈簽報美方在港調查友聯出版社活動情況〉，《總裁批簽》，台（49）央秘字第 115 號唐縱、陳建中呈，1960 年 5 月 23 日。

45／〈香港分歧份子對雷案聲援及我方正予以疏導分化情形〉，《總裁批簽》，台（49）央秘字第 200 號唐縱、陳建中呈，1960 年 9 月 17 日。

46／〈李薦廷上月由港來台〉，《總裁批簽》，台（49）央秘字第 244 號唐縱、陳建中呈，1960 年 10 月 22 日。

47／〈李宗仁有意附匪及我方運用黃旭初張任民等告誡李某情形〉，《總裁批簽》，台（50）央秘字第 082 號唐縱、陳建中呈，1961 年 4 月 29 日。

48／〈呈報前香港友聯出版社社長胡越在日籌組「中華自由軍」情形〉，《總裁批簽》，台（52）央秘字第 045 號唐縱、葉翔之呈，1963 年 3 月 25 日。

49／〈香港「聯合評論」週刊停辦經過情況〉，《總裁批簽》，台（53）央秘字第 166 號谷鳳翔、陳翔中呈，1964 年 11 月 7 日。

50／〈為查復胡越履歷〉，《總裁批簽》，台（54）央秘字第 045 號谷鳳翔、葉翔之呈，1965 年 4 月 10 日。

51／〈黃旭初夏威意欲近期來台〉，《總裁批簽》，台（56）中秘字第 188 號谷鳳翔、陳建中呈，1967 年 9 月 16 日。

（三）香港歷史檔案館

1／Control of Publications Consolidation Ordinance 1951（HKRS NO: 1250-1-26）。

2／Control of Publications Consolidation Ordinance 1951（HKRS NO: 1250-1-40）。

3／Control of Publications Consolidation Ordinance 1951（HKRS NO: 1250-1-193）。

二、口述資料：

1／筆者〈宋叙五教授訪問稿一〉（未刊），2013 年 9 月 11 日，訪宋叙五於和記印刷有限公司。
2／筆者〈宋叙五教授訪問稿二〉（未刊），2015 年 1 月 20 日，訪宋叙五於和記印刷有限公司。

三、未刊稿：

1／〈孟氏教育基金會〉小冊子，香港：孟氏教育基金會，出版年不詳。
2／陳維瑲〈風雨同舟五十年〉，三藩市：未刊，2002 年。

四、報章：

1／《工商日報》，香港：1925-1984 年。
2／《中央日報》，上海、台北：1928- 年。
3／《人民日報》，河北：1946- 年。
4／《中聲日報》，香港：1949-1952 年。
5／《中聲晚報》，香港：1951-1965 年。

6／《中國學生周報》，香港：1952-1974年。
7／《蘋果日報》，香港：1995-2022年。
8／《南方都市報》，廣州：1997-年。

五、雜誌：

1／《再生》，上海：1932-1949年。
2／《新聞天地》，香港：1945-2000年。
3／《自由陣綫》，香港：1949-1959年。
4／《自由中國》，台北：1949-1960年。
5／《再生》，香港：1949-1960年。
6／《民主評論》，香港：1949-1966年。
7／《前途》，香港：1950年。
8／《大道》，香港：1950-1951年。
9／《獨立論壇》，香港：1951-1952年。
10／《中國之聲》，香港：1951-1953年。
11／《自由人》，香港：1951-1959年。

1／2006年，《中央日報》實體報停刊，改為網絡形式發行，一直延續至今。

12／《人生》，香港：1951-1971 年。
13／《人人文學》，香港：1952-1954 年。
14／《主流》，香港：1952-1955 年。
15／《熱風》，香港：1953-1957 年。
16／《祖國周刊》，香港：1953-1964 年。
17／《亞洲畫報》，香港：1953-1968 年。
18／《兒童樂園》，香港：1953-1994 年。
19／《海瀾》，香港：1955-1957 年。
20／《少年周刊》，香港：1956-1958 年。
21／《青年樂園》，香港：1956-1960 年。
22／《聯合評論》，香港：1958-1964 年。
23／《展望》，香港：1958-1983 年。
24／《傳記文學》，台北：1962- 年。
25／《祖國月刊》，香港：1964-1972 年。
26／《現代雜誌》，香港：1965-1968 年。
27／《現代國家》，台北：1965-1987 年。
28／《明報月刊》，香港：1966- 年。
29／《人物與思想》，香港：1968-1971 年。
30／《中華月報》，香港：1973-1975 年。
31／《全民》，台北：1985-1992 年。
32／《香港文學》，香港：1985- 年。
33／《博益月刊》，香港：1987-1989 年。
34／《歷史月刊》，台北：1988- 年。
35／《香港文壇》，香港：2002-2005 年。

36／《文學研究》，香港：2006-2007年。
37／《文學評論》，香港：2009-年。

六、參考書目：

（一）論文

1／羅森棟〈傳播媒介塑造映象之實例研究〉——「今日世界」塑造中國人對美國良好映象之方法〉，台北：國立政治大學新聞研究所碩士論文，1970年。
2／魏誠〈「自由中國」半月刊的內容分析與政治主張〉，台北：國立政治大學新聞研究所碩士論文，1984年。
3／薛化元〈《自由中國》雜誌自由民主理念的考察——一九五〇年代台灣思想史研究之一〉，中央研究院台灣史研究，2卷1期，1995年。
4／喬寶泰〈中央政府遷臺時期之中國國民黨港澳政策——以雷震、洪蘭友之赴港建議為例〉台北：國史館，2000年。
5／萬麗鵑〈一九五〇年代的中國第三勢力運動〉，台北：國立政治大學歷史研究所博士論文，2001年。
6／張淑雅〈臺海危機與美國對「反攻大陸」改革的轉變〉，《中央研究院近代史研究所集刊》，第36期，2001年12月。
7／吳淑鈿〈從出版刊物看近五十年香港的中國古典文學研究〉，《漢學研究通訊》，第93期，2005年2月。
8／吳兆剛〈五十年代《中國學生周報》文藝版研究〉，香港：嶺南大學碩士論文，2007年。
9／翟志成〈文化激進主義VS.文化保守主義〉，《新亞學報》，第26卷，2008年。
10／筆者〈徐復觀與《民主評論》之研究〉，香港：新亞研究所碩士論文，2010年。
11／陳正茂〈五〇年代香港第三勢力的主要團體：「中國自由民主戰鬥同盟」始末（1952-1955）〉，《北台灣學報》，第34期，2011年6月。
12／陳建忠〈「美新處」（USIS）與台灣文學史重寫：以美援文藝體制下的台、港雜誌出版為考察中心〉，台北：《國文學報》（第五十二期），2012年12月。
13／筆者〈從《海瀾》看「綠背」雜誌之起落〉，《香港史地》（第四卷），香港：香港史學會，2013年。

14／筆者〈從《獨立論壇》發展看「第三勢力」的政治立場〉，《香港史地》（第五卷），香港：香港史學會，2014年。
15／筆者〈胡永祥與《祖國周刊》之研究〉，香港：新亞研究所博士論文，2014年。
16／王梅香〈隱蔽權力：美援文藝體制下的台港文學（1950-1962）〉，新竹：國立清華大學社會學研究所博士論文，2015年。
17／黃克武〈顧孟餘的政治生涯：從挺汪、擁蔣到支持第三勢力〉，台北：《國史館館刊》（第四十六期），2015年12月。
18／筆者〈丁文淵與《前途》〉，《香港史地》（第六卷），香港：香港史學會，2017年。
19／陳凌子〈顯隱之間：文化冷戰中的香港亞洲出版社〉，新加坡：新加坡國立大學中文系碩士論文，2017年。
20／黃克武〈顧孟餘與香港第三勢力的興衰（1949-1953）〉，《二十一世紀》，香港中文大學中國文化研究所，2017年8月。
21／筆者〈細說友聯——回應余英時〈友聯諸君多來自新亞同門〉一文〉，香港：明報月刊，2018年10月號。
22／筆者〈憶述友聯與高原——回應余英時先生〈《祖國周刊》與《海瀾》〉一文〉，香港：明報月刊，2019年3月號。
23／筆者〈《今日》與「第三勢力」〉，《香港史地》（第七卷），2020年。
24／筆者〈敬悼司馬璐先生——回顧司馬璐在香港的貢獻〉，香港：明報月刊，2021年5月號。
25／筆者〈史學星沉——憶記余英時先生在香港往事〉，香港：明報月刊，2021年9月號。
26／筆者〈顧孟餘與《大道》〉，未刊。

（二）文學

1／燕歸來《紅旗下的大學生活》，香港：友聯出版社，1952年。
2／司馬長風《海茫茫》，香港：高原，1966年。
3／徐東濱《東濱文集（1950-1969）》，香港：香港中國筆會，1970年。
4／司馬長風《新文學叢談》，香港：昭明，1975年。
5／徐速《星星．月亮．太陽》，香港：高原出版社，1981年。
6／徐速《徐速自選集》，香港：時代圖書，1981年。
7／徐速《故人》，香港：博益，1982年。
8／漢元《香港的最後一程》，台北：時報，1984年。

9／趙滋蕃《文學原理》，台北：東大，1988年。
10／徐速《沉沙》，香港：當代文藝，1993年。
11／劉以鬯《香港文學作家傳略》，香港：市政局公共圖書館，1996年。
12／黃康顯《香港文學的發展與評價》，香港：秋海棠文化企業，1996年。
13／盧瑋鑾《香港思考》，香港：牛津大學出版社，1996年。
14／小思《舊路行人．中國學生周報文輯》，香港：次文化堂，1997年。
15／姚拓《蛙鳴》，遼寧：遼寧教育出版社，1997年。
16／黃繼持、盧瑋鑾、鄭樹森編《追跡香港文學》，香港：牛津，1998年。
17／黃南翔編《徐速卷》，香港：三聯，1998年。
18／鄭樹森、黃繼持、盧瑋鑾《香港新文學年表》，香港：天地，2000年。
19／劉以鬯《暢談香港文學》，香港：獲益，2002年。
20／高全之《張愛玲學：批評．考證．鉤沉》，台北：一方，2003年。
21／慕容羽軍《為文學作證：親歷的香港文學史》，香港：普文社，2005年。
22／高全之《張愛玲學》，台北：麥田，2008年。
23／林曼叔《司馬長風作品評論集》，香港：香港文學評論，2009年。
24／胡王篆雅編《司馬長風逝世卅週年紀念集》，香港：維邦，2010年。
25／張愛玲、宋淇、宋鄺文美《張愛玲私語錄》，香港：皇冠，2010年。
26／張愛玲《惘然記》，台北：皇冠，2010年。
27／高全之《張愛玲學．續篇》，台北：麥田，2014年。

（三）歷史

1／于平凡《中國民主自由運動史話》，香港：自由出版社，1950年。
2／張飛熊《中國前途與第三勢力》，香港：中興出版社，1950年。

3／張葆恩《新蠻人之出現》，香港：自由出版社，1950 年。
4／孫寶毅《第三勢力必興論》，香港，自由民主出版社，195? 年。
5／陳俊彥《中國第三勢力出現》，香港：陳俊彥，195? 年。
6／許冠三《史學與史學方法》，香港：自由出版社，1959 年。
7／僑務委員會敵情研究室編《匪偽僑務簡報》，台北：僑務委員會敵情研究室，1965 年。
8／史誠之《歷史轉折與中國前途：論解放軍的過去與中共的未來》，香港：明報月刊社，1972 年。
9／羅香林《學術論文作法與讀古書作札記法》，香港：珠海書院文史研究所學會，1976 年。
10／劉紹唐編《民國人物小傳》，台北：傳記文學，1975 年。
11／謝澄平《中國文化史新編》（上冊），台北：青城出版社，1980 年。
12／吳相湘《民國百人傳》（第三冊），台北：傳記文學，1982 年。
13／杜雲之《中華民國電影史（下）》，台北：行政院文化建設委員會，1988 年。
14／梁啟超《中國歷史研究法補編》，台北：臺灣商務，1990 年。
15／許冠三《大（活）史學答問》，台北：桂冠，1996 年。
16／宋晞《史學方法與論文寫作》，台北：中國文化大學，1996 年。
17／周淑真《1949 飄搖港島》，北京：時事，1996 年。
18／王爾敏《史學方法》，台北：東華書局，1997 年。
19／李守孔《中國現代史》，台北：三民，1997 年。
20／劉小清、劉曉滇編著《香港野史》，北京：東方，1997 年。
21／梁啟超《梁啟超史學論著四種》，湖南：岳麓書社，1998 年。
22／楊天石《海外訪史錄》，北京：社會科學文獻出版社，1998 年。
23／張玉法《近代中國民主政治發展史》，台北：東大，1999 年。
24／錢穆《中國歷史研究法》，台北：東大，2000 年。
25／寒山碧《香港傳記文學發展史》，香港：東西文化事業公司，2003 年。

26／張君勱《中國第三勢力》，台北：稻鄉，2005年。
27／嚴耕望《治史經驗談》，台北：臺灣商務，2006年。
28／離島區議會編《離島區風物志》，香港：離島區議會，2007年。
29／余英時《人文與民主》，台北：時報文化，2010年。
30／林芝諺《自由的代價：中華民國與香港調景嶺難民營（1950-1961）》，台北：國史館，2011年。
31／陳正茂編著《五〇年代香港第三勢力運動史料蒐秘》，台北：秀威，2011年。
32／余英時《歷史人物與文化危機》，台北：三民，2013年。
33／陳惠芬輯《美國與中國第三勢力》，香港：陳惠芬，2013年。
34／林博文《關鍵民國》，台北：大塊文化，2013年。
35／林孝庭《台海冷戰解密檔案》，香港：三聯，2015年。
36／筆者《香港第三勢力風雲錄（1949－1995）》，香港：民國史學會，2020年。

（四）政治

1／岳鴻文《細菌戰》，香港：友聯出版社，1952年。
2／吳克（Richard L. Walker）著，王聿修譯《共產主義下的中國》，香港：友聯出版社，1956年。
3／湘黎《中共的政府組織》，香港：友聯研究所，1961年。
4／司法行政部調查統計局第六組編《中國黨派資料輯要》，台北：出版社不詳，1962年。
5／《海外匪情僑情簡報》，台北：出版社不詳，1965年。
6／陸鏗主編《中國統一問題論戰》，香港：百姓文化事業，1988年。
7／陳正茂主編《左舜生先生晚期言論集（上）》，台北：中央研究院近代史研究所，1996年。
8／張淑雅《韓戰救臺灣》，台北：衛城，2011年。
9／林果顯〈1950年代臺灣國際觀的塑造：以黨政宣傳媒體和外來中文刊物為中心〉，台北：稻鄉，2016年。

（五）日記／傳記／訪問／全集／紀念集

1／張國興《竹幕八月記》，台北：自由中國出版社，1950年。
2／胡應漢《伍憲子先生傳記》，香港：四強印刷公司，1953年。
3／王雲五等《張君勱先生七十壽慶紀念論文集》，台北：張君勱先生七十壽慶紀念論文集編輯委員會，1956年。
4／丁文淵治喪委員會編《紀念丁文淵先生》，香港：出版社不詳，1958年。
5／馬五先生《我的生活史》，台北：自由太平洋，1965年。
6／楊子烈《張國燾夫人回憶錄》，香港：自聯，1970年。
7／張國燾《我的回憶》（一至三冊），香港：明報月刊，1971-1974年。
8／周寶三編《左舜生先生紀念冊》，台北：文津，1981年。
9／黃宇人《我的小故事》，香港：吳興記，1981年。
10／雷嘯岑《憂患餘生之自述》，台北：傳記文學，1982年。
11／李璜《學鈍室回憶錄》，香港：明報，1982年。
12／顧維鈞《顧維鈞回憶錄》，北京：中華，1983年。
13／程思遠《政海秘辛》，香港：南粵，1988年。
14／雷震《雷震日記》，台北：桂冠，1989年。
15／唐君毅《唐君毅全集》，台北：學生書局，1991年。
16／陳正茂主編《左舜生先生晚期言論集》（上、中、下冊），台北：中央研究院近代史研究所，1996年。
17／萬麗鵑編《萬山不許一溪奔——胡適雷震來往書信選集》，台北：中央研究院，2001年。
18／國史館《雷震案史料彙編——雷震獄中手稿》，台北：國史館，2002年。
19／李潔明（James R. Lilley）著，林添貴譯《李潔明回憶錄》，台北：時報，2003年。
20／胡適《胡適日記全集》，台北：聯經，2004年。
21／司馬璐《中共歷史的見證：司馬璐回憶錄》，香港：明鏡，2004年。
22／姚拓《雪泥鴻爪》，吉隆坡：紅蜻蜓，2005年。

23／李宗仁口述、唐德剛撰寫《李宗仁回憶錄》，台北：遠流，2010 年。
24／胡王篆雅編《司馬長風逝世卅週年紀念集》，香港：維邦，2010 年。
25／盧瑋鑾、熊志琴訪問《雙程路——古兆申訪談錄》，香港：牛津，2010 年。
26／陳正茂《逝去的虹影：現代人物述評》，台北：秀威，2011 年。
27／蘇慶彬《七十雜憶》，香港：中華書局，2011 年。
28／潘光哲編《傅正《自由中國》時期日記選編》，台北：中央研究院，2011 年。
29／張發奎口述、夏蓮瑛訪談及記錄《張發奎口述自傳》，北京：當代中國，2012 年。
30／陳克文《陳克文日記（1937-1952）》，台北：中央研究院，2012 年。
31／盧瑋鑾、熊志琴《香港文化眾聲道》（第一冊），香港：三聯，2014 年。
32／余也魯《萬水千山總是詩：余也魯回憶錄》，香港：海天書樓，2015 年。
33／盧瑋鑾、熊志琴《香港文化眾聲道》（第二冊），香港：三聯，2017 年。
34／余英時《余英時回憶錄》，台北：允晨，2018 年。
35／唐端正等《心有思慕：余英時教授紀念集》，台北：聯經，2022 年。

（六）英文著作

1／The Ford Foundation Report, New York: The Ford Foundation, 1952-1970.
2／Who's Who In Communist China, Hong Kong: Union Research Institute, 1966.
3／Who's Who In Communist China（Volume 1）, Hong Kong: Union Research Institute, 1969.
4／Who's Who In Communist China（Volume 2）, Hong Kong: Union Research Institute, 1970.
5／The President's Review, San Francisco: The Asia Foundation,1970-1979.
6／Ranelagh, John, CIA A History, London: BBC Books,1992.
7／Jefferys-Jones, Rhodri, The CIA And American Democracy, New Haven: Yale University Press, 1989.

1841
一八四一

左右國共大局：
香港第三勢力流亡錄

作　　者　柴宇瀚
責任編輯　黎國泳
文字校對　程思月
封面設計　虎稿．薛偉成
內文排版　王氏研創藝術有限公司
出　　版　一八四一出版有限公司
印　　刷　博客斯彩藝有限公司

2024年4月　初版一刷
定價　420元
ISBN　978-626-98202-2-1

一八四一

社　　長　沈旭暉
總 編 輯　孔德維
出版策劃　一八四一出版有限公司
地　　址　臺北市大同區民生西路404號3樓
發　　行　遠足文化事業股份有限公司
（讀書共和國出版集團）
郵撥帳號　19504465 遠足文化事業股份有限公司
電子信箱　enquiry@1841.co
法律顧問　華洋法律事務所 蘇文生律師

左右國共大局：香港第三勢力流亡錄／柴宇瀚作．－初版．－臺北市：一八四一出版有限公司出版：遠足文化事業股份有限公司發行，2024.04

面；　14.8 x 21 公分

ISBN　978-626-98202-2-1（平裝）

1.CST: 政治運動 2.CST: 歷史 3.CST: 史料
4.CST: 香港特別行政區

673.82　　113003274

香港文庫